新開 強 Tsuyoshi Shingai
プラスワンインターナショナル代表取締役

Tシャツだけで年商30億。

何をやってもうまくいかなかった私が
好きなことだけやり続けて成功した秘密の話

実務教育出版

はじめに

この本を手に取っていただき、ありがとうございます。


いきなりですが最初に、いちばん大切なことをあなたにお伝えします。

それは、

「誰にでもチャンスは必ずある」

ということです。

誰でも、自分が思っている以上の成功をつかむことができます。そしてそのチャンスは「その辺」にごろごろ転がっているものなのです。

こういうと、

「いやいや、成功した人だからそんなことがいえるんでしょ」

とか、

「絶対に自分には無理。そんな能力も度胸もありません」

という人が、必ずいます。むしろ、ほとんどの人がそうだといってもいいでしょう。

その気持ち、とてもよくわかります。

なぜなら、私自身が誰よりも、「絶望」してきた人間だからです。


たとえば、学歴。

私は日本で1年、アメリカで3年半ほど大学に通いましたが、結果はどちらもドロップアウト、最終学歴は高校卒業です。もしあなたが高卒なら私と同じ条件ですし、あなたが大卒なら、私よりもずっとチャンスの量が多いのです。

あるいは、仕事。

私の仕事は、「面白くない仕事からの逃げ」そのものでした。まわりにカッコつけたあげくに、借金まみれのその日暮らし。周囲の見られ方と本当は全然違う自分に苦しみ、酒に逃げる日々。

もしあなたが普通に働いているのであれば、私よりもずっとチャンスの質は高いでしょう。


でも今の私は、こんな残念な過去のどれひとつが欠けてもあり得ませんでした。

なぜなら、自分なりに考えついた、「一番楽しそうなこと」をひたすらやってきただけだからです。

正直、ただの「逃げだ」とわかっていることも多々ありました。

「今やっていることはとりあえず嫌だけど、ゼロからスタートももったいない。もっと楽しくてカッコよくて、しかもショートカットできる方法はないのか」

こんな思考でやってきたのです。

結局、その場しのぎの方向転換でうまくはいきませんでした。その度に半ばヤケになったりもしましたが、もう後には引けないので、さらにもっと「楽しそうな方向」に動いたのです。

その結果が、今の私です。

こんな私ですが、現在は売上約30億の会社を経営し、業界No.1のシェアを獲得して、世の中に貢献しながら、やりがいを持って毎日を過ごしています。

誰よりも現実逃避し、自堕落な生活を知る私だからこそ、確信をもっていえることがあります。それは、

あなたはまだ本気を出していないだけ

もし本気を出し、元々もっている能力を発揮したなら、私と同じくらい成功することくらいはできるのです。それを実感してもらうために、まずは私の残念プロフィールをご紹介するところからはじめましょう。

【Tシャツだけで年商30億】目次

第1章 嘘じゃない。誰にでも平等にチャンスはやってくる

第2章 本気が出るかどうかなんて、はじめてみなければわからない

第3章 9回失敗しても1回成功すれば全勝と同じ

第4章 本気と勇気は、本当の自己満足からしか生まれない

第5章 やがて生まれる本気のチームが目の前の風景を変えていく

第1章

嘘じゃない。誰にでも平等にチャンスはやってくる

「カッコいい」はずのアメリカ留学が暗黒時代のはじまり

1994年、大学進学で地元の高松から上京し、はじめてひとり暮らしをはじめました。

高校時代、友人たちはほとんどが国立大学を目指していましたが、偏った成績だった私は、英語だけで入学できそうな大学を目指していました。

他の教科はダメでしたが英語にだけは自信を持っていたので、その強みを伸ばし、将来は英語を使った仕事に就けたらな、と漠然と考えたりしていました。

キャンパスライフを題材にしたテレビドラマが流行っていたこともあり、そのままそれが私の大学生のイメージでした。勉強、恋愛、サークル活動、アルバイト……。実際、大学生になってからは、今でいう「リア充」を絵に描いたような生活を送っていました。

あれはたしか、2年生の夏休み前くらい、アパート近くのゴルフ練習場で練習していた時のことでした。

「留学とかカッコいいな」

なぜか、ふと、そんな考えが浮かんできました。それらしい体験があったわけでも、誰かの話を聞いたわけでも、本を読んで感動したわけでもありません。

打ちっぱなしでドライバーをスイングしながら、

「カッコいいのはやっぱりアメリカだろ？」

とか、

「短期では普通だから面白くない。やはり丸4年間、アメリカの大学生として行くべきだな」

とか、ワクワクしながら、具体的なプランを考えている自分がいました。

練習場からの帰り、自転車をこぎながら、「さて、どうやって親を説得しようか」と考えはじめます。

アパートに着くと、早速母親に電話をし、「ちょっと話があるんだけど」と切り出しました。「俺留学するわ」と、結論からいったあとの説得材料はこんな感じです。

「実用的な英語をとにかく身につけたい」

「普通の大学生として留学すれば、英語習得という今の目標は早く達成できる」

「プラスα、今までしてこなかった勉強ができる！」


取得した単位のことや、お金のことなど細かいことは後回しで、とにかく盛り上がってしまった自分の気持ちを理解してもらうための、最強に合理的な説明でした。

振り返ってみると、敷かれたレールを自らの意志で外れて、フラットな状態で自分の将来を考えるという、それがはじめての経験でもありました。


結果は、二つ返事のＯＫ。

基本的には自分のやりたいことをやればいい、というスタンスの親なので、むしろ「将来を真剣に考え出したな」と感じてうれしかったのかもしれません。

あまりにすんなり話が進んだこともあって拍子抜けしましたが、一方で承諾をもらったことで高揚し、早くも次に向けてどう動くか、と考えはじめました。

まず図書館に行き、日本で取った単位を持って編入できる大学を探しました。

留学の知識は何もなかったし、実際、自分にとってはどこの大学でも大差ないと思っていました。何せ、「アメリカ留学」できればよかったわけですから。

決断に迷いはありませんでした。早々に、日本人の少なそうな田舎の大学（ＩＳＵ：インディアナ州立大学）を留学先に決定し、通っていた大学には退学届けを提出。ＩＳＵ入学手続きの書類を作りはじめました。それから地元の香川県高松市にバイクで戻って３ヵ月間アルバイトをし、年が明けた１９９６年１月、渡米しました。


この高松での３ヵ月間、本来は自分が決めた、やりたい未来に向かってワクワクしているはずなのですが、なぜか気持ちがもやもやとしていました。

「本当にこれでいいのか？」

「何も日本の大学を辞める必要はなかったんじゃないか」

「ひょっとしたら取り返しのつかない方向に動いているんじゃないのか」

不安が頭の中をグルグルと高速回転しているような状態だったのです。

「カッコだけ」で、本当は不安と不満しかない自分

そんな不安を持ちながらアメリカに渡ったわけですが、現地は大寒波に襲われていて、深夜、空港に着くと周囲は真っ暗、気温マイナス15度、1メートル以上の積雪に覆われているという状態でした。アメリカに着くなり、ストンと気持ちが凹みました。

「何てところに来ちまったんだ……」

一瞬、泣きたくなりました。実際に目もうるうるしはじめました。

アメリカに渡ってもすぐに大学に入れるわけではないことを知ったのは、入学手続きのために大学に行った時のことでした。大学に併設された留学生用の語学施設で、みっちり6ヵ月間英語を学ばなければならなかったのです。

「ウソだろ、聞いてないよ！」

と思っても後の祭りです。

大学敷地内の寮に部屋を割り当てられました。足（車）もないので毎日部屋と語学施設の往復、たまにファストフード店やコンビニに行く程度の日々。部屋は8畳くらいだったでしょうか。アメリカ人のルームメイトと2段ベッドの生活でした。

ほぼ毎日、ルームメイトはパーティだの何だのと夜遅くに酔っ払って帰ってくるので、諍《いさか》いが絶えませんでした（日本語まじりのつたない英語で怒っていたので相手には何をいっているのか通じていなかったと思いますが、荒い語気と怒りの形相で、一応ケンカにはなっていたと思います）。私はというと、ある朝にはストレスからか目やにがくっついて突然目が開かなくなり、パニックになりながらまぶたを強引にこじ開けた時もありました。

名前すら覚えていないこのルームメイトと、一刻も早くオサラバしたかったので、毎日、新聞のアパート情報をチェックしては授業の後に内見しに行きました。

何もかもがうまくいかないスタートだったこともあり、早くも1ヵ月足らずでホームシック状態に。日本での生活が恋しくたまらなくなっていました。

2月の中旬頃には大学から徒歩10分くらいのところにアパートを見つけ、引っ越しました。家賃は日本円で4万円ほど。最低限の家具付きで、留学生の私には十分なアパートでした。引っ越してしばらくはカーペットの地べたに座り、引っ越し用のダンボールをテーブルにして食事です。窓からは極寒の冷気が入り込んでくるので、オイルヒーターの横で丸まって寝ていました。

それでもルームメイトとの寮生活よりは断然マシで、少しストレスも緩和されたのではないかと思います。

近くのセカンドハンドショップ（リサイクルショップ）で徐々に生活に必要なものを揃え、夏頃にはひと通り満足な生活ができるくらいに整っていました。

実はこの後、5年余りアメリカで暮らすことになるのですが、以後、このアパートがずっと私の生活拠点になりました。

空回りが続いた最低のアメリカ生活

6ヵ月の語学研修を経て、秋からようやく正規の大学生となりました。「BUSINESS management（経営学）」を専攻しました。この専攻については、当初の目的通り、「日本にいたら専攻できないコース」という基準で、将来、役に立ちそうなものを選んだつもりでした。

授業はうまくやっていたのかというと、「チンプンカンプン」でした。

経営学の授業ですから、簿記や商法などビジネスに関係する授業が多かったのですが、その類の勉強はそれまで一切してこなかった（日本で必要なかった）ので、まったくのゼロスタートだったのです。

英語は満足に聞き取れないし、話すこともままならない状態。いくら日本で英語が得意でも、アメリカではまったく歯が立たない状態でした。

履修したすべての授業で教室の一番前の席に座りました。先生の口の動きを注意深く見てようやく少し英語が理解できるレベルでした。

妙なこだわり（カッコいいと思っていた）があって、「1年間は意地でも日本語をしゃべらない」と私は決めていました。学食にたむろする日本人コミュニティもありましたが、目もくれずに完全無視（たぶん先輩の日本人たちは、「無愛想な礼儀のない新人が来た」くらいに思っていたでしょうね）。

それでは、アメリカ人と積極的に友達になって……ということができたのかというと、それもできませんでした。

今ではだいぶマシにはなりましたが、そもそも私は内向的で、当時はとくに面倒くさがりでした。日本にいた時でさえそうなのですから、アメリカで、しかも英語の環境ではなおさらです。何か引け目を感じて会話もうまくできず、学校ではほとんど友達ができませんでした。

そんな自分が嫌だったので、何かしよう、殻を破ろう、とフラタニティ（日本のビジネスサークルのようなもの）に入り、イベントやボランティアに参加したりしましたが、そもそも興味がないのでこちらもうまくいきません。

どこにいても孤立状態だったので、むしろ惨めになるというか、負のスパイラルにハマリ込んでいました。

メンタルがかなり不安定だったこともあり、しょっちゅう突飛な（変人的な）行動をとっていました。

ある時には、若くてタイプ（見た目）の先生を授業の後に呼び止めて、突然愛の告白。またある時には隣町の靴屋で接客してくれた若い女性にひと目惚れして、家に戻るなりお店に電話して取り次いでもらい、「好きなのでデートしてください！」といってみたり。

それもこれも、

「アメリカ人の彼女ができれば状況が一変するし、まわりの日本人学生たちにも差をつけられる」

などとよこしまな考えに支配されていたからです。

わけのわからないことをしてはうまくいかず当然のように凹む。

少しずつ慣れてはいくのですが、空回りを地で行く日常で、つまらない日々が永遠に続くのではないかとさえ思えて、自己嫌悪に陥っていたのです。

行き着いたのは日本での「起業ごっこ」

1998年の秋頃、「RED WING《レッド・ウィング》」というブーツが日本で大流行していました。芸能人がファッションに取り入れて大ブームとなり、プレミアもついて、日本では品薄状態になっているようでした。

最新情報にはうとかったのですが、連絡をとっていた日本の友達から、「今度帰る時、レッド・ウィング買ってきてよ、お金払うから」という話をたびたびされるようになり、日本での流行を知ったのでした。

最初は仲のいい友達に、2、3足買って帰ってやるか、という程度でしたが、「問い合わせ」はどんどん増えて、他の友達も、友達の友達も、といった具合に数が増えていきました。

直接の友達ではない人からの相談もあって、あまりの数に「少し手間賃もらおうか」と考えたのが、その後はじめることになるビジネスのきっかけでした。

空回りしているアメリカ生活から脱出したいという気持ちも、早く逃げ出したいという気持ちももちろんありました。しかし留学生活がいくら面白くないといっても、単に「嫌だからやめて」しまってはただのルーザー（敗者）になってしまいます。そんな時に、「これで学生活もうまくいくし、お金にも困らなくなる」、そんな「一石二鳥」感のある発想が浮かんできたのです。

「カッコいいアメリカ留学」を思い立ったあの時以来のワクワク感が、再びやってきたのでした。

でもここで気がつくべきでした。自分が何も変わっていなかったことに。

実際、何をしたかというと、資金の無心をするための親へのプレゼンでした。

個人輸入で商売をする、といっても、ネット通販など影も形もない時代、リアルな店舗で販売するしか方法はありません。リスクを抑える選択肢としては個人での輸入代行業や代理店という道もあるのかもしれませんが、ビジネスのことなど何も知らない学生にはそんな発想すらありませんし、仮にあっても、人脈もなければ営業経験もないのです。うまくいくわけがありませんでした。

「とにかく店を作って売る！」

「地元ではなかなか手に入らない、アメリカのもので注目される店を作る！」

私の頭にあったのは、

「学生で起業ってカッコいい！」

これだけでした。


私の両親は香川県の高松市で喫茶店を営んでいました（実はこの喫茶店の名前が現在の社名にもある「プラスワン」です）。

2人とも商売気質で、新しいことにはいろいろトライしてみる、という性格でしたので、ショップオープンの提案について、日本での状況と計画をひと通り伝えると、すぐに「やってみよう！」と話が進みました。

喫茶店の一角に家族の休憩スペースのような別室（7〜8坪）があったので、そこを改装してショップにすることを決め、すぐに内装工事に取り掛かりました。

1998年12月、個人輸入のセレクトショップ「HULMAN《ハルマン》 FIELD《フィールド》」がオープンしました。

自分からいいだしてオープンさせてもらったからには、まず「商売として軌道に乗せなければ！」という話を両親にして、アメリカの大学は一時休学。

私はアメリカにいながら日本の情報を集め、流行りのものを買い付けては値付けをして発送する、という日々を送るようになります。

一方、日本のショップでは、地元の高校生を2名、アルバイトで雇い、母親に横の喫茶店から管理をしてもらいました。

こうして何の勉強も下調べもなしに、感覚だけで私のビジネスはスタートしてしまったのです。

繰り返される「カッコいい！」病

レッド・ウィングブーツの流行は、1年も経たずに下火になり、他のアメリカン・ストリートウェアのブームが到来していました（1999年～2000年ごろ）。

当時の日本では「STUSSY《ステューシー》」というブランドが全国的に話題になっていて、高松の正規店も大繁盛。これなら日本でも商売になるのではとステューシーに目をつけ、正規店にはないレアな商品を扱うショップ展開を考えました。

私が住んでいたのはシカゴの郊外で、中心のダウンタウンまで車で片道4時間という場所でした。往復で8時間以上かかるので運転だけでも疲れ果てる毎日でしたが、頻繁に出かけては、しらみつぶしにステューシーを扱うショップを探しました。

ちなみにステューシーはもともとサーフィンブランド。西海岸のＬＡには扱うショップがあっても、サーフィンのカルチャーがない内陸部のシカゴでは話題にすらなっていませんでした。かといって西海岸に出張するような資金はありません。シカゴで探し続けるしかありませんでした。

何十回往復したかわかりません。でもある日、今日も目新しい収穫はなしかと、最後の1軒に立ち寄ったところ、まさに大当たり！　何とステューシーを扱っていたのです。そのショップは、シカゴのダウンタウンからは徒歩で2時間ほどと離れたところにありましたが、外観からして私の求めるショップの匂いがプンプンしていました。店内も広くおしゃれで、日本で流行のありとあらゆるストリートブランドを扱っていたのです。

その日、店にいたのは3時間以上。さまざまな商品を買い付けました。

シカゴのダウンタウンにあるショップで、オーナーのルーク（左）と

日本の有名ファッション雑誌に掲載されているような商品もたくさんあり、テンションは最高潮。ハイテンションもあって、店員やまわりのお客さんから不審がられるほどでした。

支払いの際に、アメリカ人の店長に事情を説明しました。

「これから仕入れで使わせもらうから、ディスカウントしてくれないか」

そうお願いすると、「やっぱりね」という感じでニヤリとし、

「じゃあ、オーナーに会わせてあげるよ」

と店長がひと言。

店の地下のオフィスに連れて行かれ、オーナーに会わせてくれました。

オーナーの名前はＬＵＫＥ《ルーク》、韓国系アメリカ人でした。店長が事情を説明するとにこやかな笑顔で快諾の返事。

まるで宝の島を見つけたようでした。心の中で、

「今日は最高の日だ！」

と叫んでいました。

この日は時間も遅く降雪もひどくなっていたのでシカゴ郊外のモーテルに宿泊。公衆電話から、母親にその日の釣果を自慢げに報告したのを覚えています。

その後、頻繁に店に足を運ぶようになりましたが、ルークや店員とも仲よくなり、彼自身がデザイナーで、駆け出しのブランド「D-gital《ディジタル》」を立ち上げ、アメリカの展示会などにも参加して販促活動をしていることを知りました。

デザイナーを職業にしている人物に出会ったのはこれがはじめてでした。世界が違うこともあって興味をそそられた私は、店に行くたびに、そのまま地下の彼のオフィスに入り、彼が、コンピュータのマッキントッシュで次々とグラフィックを作っていく様を、横からずっと見ていました。

彼がデザインしたものが、実際に商品となって複数のいくつかのショップで売られて

いることを知って、新鮮な感動を覚えました。

「すごい。こんなビジネスをしている人が現実にいるんだ」

驚きしかありませんでした。

いつも彼の横でデザイン作業を見ながら、

「ツヨシ、このデザインどう思う？」

「日本だとこんな柄が売れてたよ」

会うたびにこんなやり取りが繰り返されるようになって、彼は私がデザインをしたいと思ったようでした。

最大の驚きは、彼が持っていたノートのマックを、「デザインやりたいならあげるよ」といって無償で譲ってくれたことでした。

最高スペック、最高のデザインソフトもひと通り入っていて、当時、おそらく、日本円で100万円を下回ることはないであろうマックです。到底、個人で買えるようなコンピュータではありませんでした。

まさかこんな展開になろうとは夢にも思っていなかった私は、うれしくて晴れやかで、先行きの明るい新ビジネスを立ち上げたかのような気分になっていました。

それからはルークのオフィスで彼のデザイン制作の見学をしながら、自分でもマックのソフトで適当なグラフィックを描き、見よう見まねで少しずつデザインソフトの概念や使い方を理解するようになっていきました。

ゲームでも家電でも、子どもの頃から取説を読むのが大嫌いだった私は、ルークに何度も質問して、マックをひたすらいじりながらデザインスキルを身につけていきました。

それから数ヵ月——。

ルークのオリジナルブランド「ディジタル」の展示会が近づいていました。

しかも、ラスベガスで年に2回開かれる、世界最大級のファッションショーといわれる「MAGIC《マジック》」への出展です。

私のアメリカ滞在はあくまで買い付けが目的。それを知っているルークが、「仕入れも兼ねて一度見に行こう」と誘ってくれ、何とバイヤーとしてマジックに参加することになったのです。

実際行ってみると、開場の広さに啞然としました。見たこともない規模の展示会に度肝を抜かれました。日本からもバイヤーが多数参加している中に、首からパスを下げ、各ブースを見て回っている自分がいる。信じられませんでした。

感動は大きかったのですが、一方で大きな失望を味わうことにもなりました。

なぜかというと、ほしいと思うメジャーブランドはメーカーのアカウントがなければ入れないし、アメリカでは有名でも日本での知名度がないブランドはリスクが大きい。さらに1スタイルの発注に対して注文の最低ロットが決められている。今の自分に対応できる力など微塵もないことを突きつけられたのでした。

ディジタルはというと、日本のバイヤーも増えてきていたようで、

「今回、東京の原宿の店が扱ってくれた」

「興味を持ってくれた日本の商社があったから、後日サンプル送って商談することになった」

などと新規のオーダーを獲得できたようでした。

「自分の買い付けのほうは、いろんなハードルがあってなかなか難しかった」

と正直に話すと、

「もしディジタルの仕入れが必要なら少量でも対応するけど……他のオーダーに上乗せ

して作ってあげるから」

ルークのせっかくの提案ではありましたが、日本でまだ誰も知らないブランドへの目利き力も度量も私にはありません。地方の弱小ショップでは、すでに流行っているブランドで、手に入りにくいものを買い付けないと無理だろう、というのが結論でもありました。とはいえ、ロジカルにそう考えたというより、直感で決めようとしていたというのが本当のところです。

しかし、ルークの提案を何度も反芻《はんすう》していると、ひょっとしたら面白い展開になるかも……というひらめきが芽生えたのです。思いついたのは、日本への帰路の飛行機の中でした。

◆ひらめきのひとつ目……仕入れのアイデア

ディジタルのオーダーは、展示されたラインナップの中からオーダーされたものを生産

⬇

オーダーがなかったものや少なすぎるものは生産見送り

⬇

バイヤーのオーダーに少量を上乗せすることで、はじめての取引見込み客である私にルークは、「少量なら提供するよ」と声をかけた

⬅

ルークが店で売るためのオーダー（日本でも有名なブランド）に便乗すれば売れ筋ブランドの商品を少量ロットで買い付けられるかも！

◆ひらめきの２つ目……代理店のアイデア

ルークのブランド「ディジタル」は少しずつ取引先が増えていて日本からの引き合いもある

⬅

日本からの引き合いに自分が「総代理店」としてジョインすれば大きなビジネスになるかも！

今思い返すと「単純」「安直」「若気の至り」「考えなし」、こんな表現がぴったり当てはまると思います。ひとつ目だけならまだしも、２つ目に考えが飛躍したことで、自ら

大失敗を呼び寄せることになるなんて、この時の私には知る由もありませんでした。

「すごいことを思いついてしまった、これはカッコイイだろう！」

いまだかつてないワクワクに、私は完全に支配されました。

早速（また拙速に）、ルークにアイデアを話すと、

「オーケー、ツヨシ。じゃあやってみてよ！」

と、二つ返事で承諾してくれたのです。

私の考えはこうでした。

「代理店といっても、展示会にやって来た日本人バイヤーの対応をして、オーダーまとめれば手数料が入る。軽いもんだ」

はっきりいって、完全にビジネスをナメていました。

周囲からの見られ方とはまったく異なるダメダメな自分との葛藤

総代理店になったからといって、急に何かが変わったわけではありませんでしたが、やはり準備不足、自業自得のツケがきて、しだいに苦しい状況に追い込まれていきました。

当初、ルークのオフィスに通い、日本市場向けのグラフィックデザインを一緒に考えることからはじめました。まだデザインソフトを十分に使いこなせなかったので、彼がデザインをしているあいだに私が日本市場に合うアイデアを提案、というスタイルでした。しかし、どれだけ案を出してもほとんどはボツ。まれに自分のアイデアが採用され、サンプルができ上がった時の高揚感といったら！

営業では年に2〜3回（計5回ほど）、ルークが出展する展示会に日本人バイヤー窓口として参加しましたが、ブランドストーリーや商品のコンセプトがわかっていないので、説明がうまくできませんでした。

バイヤーが選んで勝手にオーダーをつけてくれるものだと勘違いをしていたこともあり、「もっと勉強しろ、役に立たない」と叱られてばかり。こんな私に嫌気が差したのでしょう。ルークは結局、自分で商談して売り込むほかありませんでした。

一進一退どころか、じわじわと後退を続けるような状況が続く中で、私の代理店ビジネスが成功する気配はまったく見えませんでした。

見かねたルークから浴びた強烈なひと言は、今も胸にこびりついて離れません。

こんな言葉です。

「That is why I cannot work with you（だから、お前とは仕事できないんだ！）」

ディジタル自体は、全体としてみると少しずつ拡大している時期でした。日本市場向けは、以前から取引のあった企業から新規オーダーやリピート、問い合わせも増えてきていました。

一方で私のほうからは新規契約がさっぱりあがってこない。日本総代理店契約をしている私への信頼は風前の灯だったことでしょう。

この頃（2001年ごろ）、「東京で代理店をやらせてほしいという企業がある」という話や、「展示会の客で、大型オーダーがまとまりそうなんだが、これは直接やるよ（心配だから）」などという話がルークから出はじめました。

成果を出していない以上、仕方ないと思いながら、「総代理店」の名前に執着している自分がいました。

おそらく、日本からの引き合いがあっても私に話さずに進めた案件も多数あったでしょう。

焦りと「総代理店」のポジションを失いたくない見栄から、私もなけなしの資金で日本で展示会をやったり広告を打ったりしましたが、うまくはいきませんでした。何かしていないと「切られる」という思いもあるし、ライバルの存在も見え隠れしていました。

まさにこの頃でした。**リスクを負う決断**をしたのは。

初回Tシャツ2000枚、スウェット類（トレーナー、パーカー）も合わせて5000枚を、受注のあてもないまま発注。さすがに在庫を持つと、「売らなければ！」という気持ちも出てくるので動きは変わりましたが、ドラスティックには何も好転しません。

借金が膨らみ、消費者金融に手を出しました。金利は29・2％、金額は600万円。

資金も底をつき、まさにどん底にまみれる生活を送るようになりました。渡米する資金さえなく、客足も遠のき、売上が下がる一方の日本のショップで、座して1日客を待つ。

気持ち的にどんどん落ち込んで、先の見えない不安からヤケになり、酒に逃げるようになりました。

店の営業時間が終わると地元の繁華街まで自転車で行き、その日のなけなしの売上やクレジットカードのキャッシングのほとんどを飲み代に使いました。

周囲からは、「学生起業して儲けているんじゃないか」「アメリカを行き来して華やかな生活を送っているんじゃないか」などと思われていたでしょう。周囲のそうした評価を想像するたびに、また気分は沈みました。

実態は廃《すた》れた日々を送っているだけ。

「このまま、俺の人生は終わっていくんだろうな」

幾度、そんなふうに想像したかしれません。

どん底でもがき続けた数年間が教えてくれた

２０００〜２００２年ごろ、日本の「ストリートウェア」の流行は、アメリカのブランドから日本のブランドへシフトしていました。

流行がアメリカブランドのうちは、アメリカからの商品の買い付けもまだ意味がありましたが、日本ブランドに流行がシフトしたらもう太刀打ちはできません。

というのも、アパレル業界は流通管理が厳しく、地域に１〜数店しかメーカー指定の代理店になることができません。輸入品なら個人輸入という手があるのですが、日本ブランドが流行った途端にそのルートが断たれるという悲哀も味わいました。

仕入れがうまくいかず、ジリ貧になっていくショップ経営の最中でのできごとでした。

遊びで触っていたデザインソフト（ルークから譲り受けたマック）で、ようやく気に入ったデザインができました。最初はできただけで満足していたのですが、これまでで

「一番のデキ」だと思ったこともあり、現物にしたくてうずうずしていました。

そんな時でした。ディジタルのプロモーションとして出展した際、

「ディジタルをうちのTシャツ使ってやりませんか」

と声をかけてくれた営業（無地のTシャツメーカーの担当者）の顔が突然目の前に浮かんできたのです。早速、名刺を探して連絡を取りました。

「Tシャツ作りたいので、一度話を聞かせてください」

無地Tシャツのメーカーでしたが、プリントの工程まで一括で請け負ってもらえるということで、さっそく現物にしたいデザインを送り、見積もりを出してもらいました。かなり凝ったデザインだったこともあり、版（型）代が、1デザインにつき3〜4万円と高額でした。

高過ぎて無理だといったんはあきらめモードに入りました。けれどどうしてもモノにしたい気持ちが勝ってしまった。資金はないのでここでも借金するほかありませんでした。

版代が高いので、ロットを増やさないと割安になりません（「版」は版画でいう最初の木彫りの型と同じ考え方なので、一度作れば使い回しができ、枚数が多いほど1枚あ

たりの単価が割安になる)。結局、1デザイン30枚を5つ発注しました。

1~2週間ほどで商品が届きましたが、現物を見たときのテンションは、それまでの人生の中で5本の指に入る高さでした。

unheard《アンハード》というブランド名を考え、PB（プライベートブランド）として、早速、ショップに置きました。名だたる有名ブランドの商品の横に自分のデザインしたTシャツが並んでいる！

「これ、俺がデザインしたんですよ！」

と知人のお客が来るたびに自慢している自分がいました。

ディジタルの代理業は、もうこの頃は自然消滅状態になり、ルークと連絡を取る機会もほとんどなくなっていました（というより、資金がなく、活動できませんでした）。

幸い、数社だけ、ディジタルつながりのアパレル代理店やショップと取引関係があったので、わらにもすがる思いでアンハードを扱ってもらえないかと案内をかけました。

すると、何と3社が手を挙げてくれたではありませんか。

1社目は、仙台の代理店A社。

2社目は、大阪の代理店B社。

3社目は、地元高松のセレクトショップ。


まず1社目、仙台のA社ですが、一番大きな「オーダー」をくれました。8月納品予定の秋冬のスウェット類（単価が高い）で、合計800枚。卸値で平均1点あたり約3000円で、売上200万超え！

風向きが変わった、と喜んだのも束の間、事はそう簡単に進みませんでした。

メーカーのボディ入荷が、お盆前予定から10月にずれ込んでしまったのです。

C社からは正式に「オーダー」をもらっていたので、納品予定日前後に「納品が少し遅れています」という一報を入れ、クレーム電話もなかったことから問題ないだろうと高をくくっていたのですが、後の祭りでした。

およそ2ヵ月遅れの納品でしたが、すべて返品されてしまったのです。理由はもちろん「納期遅れ」。

何とか一部でも買い取ってほしい、と頼み込みましたが、いつも電話に出る営業から社長には代わってもらえず、しまいには、

「こちらから連絡するといったはず、もうかけてくるな」

と絶交宣言です。

しばらく待っていましたが、11月も過ぎ、秋冬物には遅い時期に入っていました。迷惑がられるのは承知で再度電話したところ、聞こえてきたのは「この番号は現在取り扱っておりません」という虚しいアナウンス。

その後、ボディのメーカーに、

「そもそもおたくの納品が遅れて返品されたんだから、返金してほしい」

と交渉しましたが、

「ＯＥＭ（納入先商標による受託製造）で作っている以上、再販不可。遅れる旨は知らせていましたよね」

という理由で却下。

あてにしていた売り上げが吹っ飛び、不良在庫として８００枚のスウェットを抱える羽目に陥ったのです。

〝弱り目にたたり目〟とはまさにこのこと。対応が甘く、過失だらけです。事前に、メーカーとC社に確認をしていれば防ぐことができたトラブルです。完全なる自業自得でした。

2社目、大阪のB社は2次代理店で、販路として200店ほど西日本に取引先を持っていましたが、すべてがFAX営業で、ショップからオーダーがついたものだけを受発注するスタイル。ショップ任せなので、売れているブランドならどんどんオーダーが入っても、新しいブランドは売れるかどうか未知数なので大きなオーダーは見込み薄です。トラブルはありませんでしたが、案の定、鳴かず飛ばずで月間5〜10枚程度の取引にしかなりませんでした。

3社目は、地元高松の好立地にあるセレクトショップ。

ディジタル時代に、アメリカの展示会にバイヤーとして来ていたオーナーと知り合いになり、偶然にも高松でショップをしているということで、話が盛り上がり仲よくなった、という経緯でした。

ショップはというと、地元の一等地にあって、ガラス張りのおしゃれな外観です。同郷のよしみもあり、アンハードも少し取り扱ってくれました。

とはいえ名もないブランドですから、やはりそれほど売れませんでした。

ただうれしいこともありました。

繁華街に飲みに出かけたとき、ショップの店頭に私のデザインしたTシャツがショーウィンドウを飾っていたのです。一緒にいる友達に「あれ俺がデザインしたんだ！」と自慢できただけなのですが……。

ディジタルとアンハードの不良在庫を抱え、売る先もなく途方にくれる日々でした。自分のショップには並べていましたが、ほとんどお客さんも来ない状態なのでまったく売れません。

借金地獄で首が回らない状態に陥っていた私は、さすがに何か生産的なことをしないと親に対しても申し訳が立たず、ショップが終わってからアルバイトをはじめました。夜９時〜朝６時、写真加工の工場で仕分けをしたり、お客さんの写真をマグカップに貼る加工の仕事でした。時給は深夜で１０００円、そこそこの月給にはなるのですが、何せ利息の高い借金をしていたので、焼け石に水でした。当時の消費者金融の金利だと、月に１回は必ず１万円の支払いをしなければいけないのですが、元本で５００円ほどしか減りません。親からは、

「あんたいつまでこんな生活するの？　いつになったら返せるの？」

と呆《あき》れられる始末。

500円ずつ600万も返せるわけがない。今に見てろ、いつか一気に返してやるよ、と心の中で叫んでいましたが、もちろん、何のあてもあるはずはなく……。

決断も行動も失敗も、何ひとつ欠けてもあり得なかった人生の転機

私の暗黒時代の話をしてきましたが、決断も行動も、数々の失敗も、すべて必要でした。今になってみるとそれがわかるのです。もう少し、私の暗黒時代にお付き合いください。ここからお話するのは、ようやく私に訪れた、決定的な転機についてです。


地元の印刷会社の営業K氏がショップにやってきました。

「お店のホームページを作りませんか」

という営業です。

私はお金もないしネットに無関心だったので、

「うちにはお金ないし、関係ないわ」

と即座に断りました。

けれど、気さくなＫ氏のおかげで思わず話が盛り上がりを見せたのです。

せっかくなのでショップの商品をひと通り案内して、もちろんＰＢの自慢もしました。


「これ、俺がデザインして作ったんだよ」

「へー、カッコいいやん！　っていうか新開さん、デザインできるの？」

「まあ、見よう見まねで覚えて、適当に作ってるだけだけどね（笑）」

「そういえば、営業先のラーメン屋の社長と仲いいんだけど、新しいユニフォーム作りたいらしくってさ、『デザインできるところ知らない』っていってたわ。新開さん、そんなのできるの？」

「もちろんできるよ、話してみてよ」


大風呂敷を広げた感はありました。

それまで趣味レベルで自分のためにデザインを作っていただけだし、オーダー受けてデザインするという発想がありませんでした。引け目は感じましたが、どうせ社交辞令だし、注文なんてくるわけがないと思っていました。

K氏は「じゃあまた！」といって店を出て行きましたが、なぜか2時間後に戻ってきました。

「新開さん、オーダー取れたで！」

私の最初の返事は、

「はっ？　何のオーダー？」

「いやいや、さっきのラーメン屋のユニフォームの話よ！　マジで社長、急いでるみたいだから、すぐに商談行ってよ！」

驚きましたが、これはもう行ってみるしかありません。名刺がなかったので、簡易的な名刺をデザインして家庭用のプリンタで印刷、4枚の名刺を持って商談に向かいました。

お会いしたラーメン屋の社長にしてみれば、「本当にこんな兄ちゃんにできるの？」

といった気持ちだったでしょう。不安そうな表情を見て瞬時にそう思いました。でも受けた以上はやるほかありません。

どんなデザインにしたいのか詳細にヒアリングし、今使っているユニフォームの柄や、看板、メニューの写真などを素材として撮影させてもらいました。

「とりあえずデザイン作ってみてよ、見てから発注枚数考えるから」

と社長からいわれていたので、週に2〜3回のペースでデザイン案を出しては商談に行く、を繰り返しました。

1ヵ月くらいかかったでしょうか。

デザイン修正を繰り返す中で、ようやく社長の意に沿うデザインができました。

決定まで時間がかかりすぎていたので、業を煮やしてほかのデザイン会社に頼まれても仕方がないと覚悟もしていました。正式にオーダーが入らなければ無駄骨だし、正直あまり期待もしていませんでした。一方で、やるべきことはすべてやったと開き直ってもいました。

1週間が経過したところで、ＦＡＸが入りました。

厚手（高級）Ｔシャツで２００枚、合計30万円のオーダーです。

大声を出して叫びたい気持ちでした。

しかし、いくら繁盛しているラーメン店とはいえ、1店舗だけで200人もスタッフはいません。気になって200枚のオーダーの理由を聞いてみると、

「みんな毎日ハードに着るからひとり何枚も必要なんだよ。これから新しいスタッフも入る予定だから、予備もいるしね。それにこれ、カッコいいやん、気に入ったよ！」


ショップの来客はすでにほとんどなく、来店しても買わないお客のほうが多いので、店ではTシャツ1枚売るのも苦労していた時期でした。ビジネスとして一発30万の受注なんて、奇跡が起こったとしか思えませんでした。


私の人生を変える気づきが生まれたのは、このときでした。

お揃いのユニフォームに大きなニーズがあるのでは⁉

単なるTシャツプリントショップなら、イエローページを探せばどこにでもあります。なのに唯一無二である自分のイマジネーションから生まれたシャツを採用してもらえた。カッコいい、気に入ったよ、ともいってもらえた。

この「オーダーTシャツ」第1号のストーリーが、私の一大ターニングポイントになりました。年商約30億にいたるビジネスはここからはじまったのです。請われた際には、創業のきっかけとして、よく話をさせてもらうストーリーです。

以後、飲食店や学校にユニフォームの営業をはじめることにつながっていきます。外商営業をしたことでまた新しい気づきをもらい、ネット通販にもチャレンジ。ネット通販をはじめてからも、普通のTシャツプリント会社とは違い、お客の要望を聞いて提案するオリジナルデザインをつけたTシャツを提案していきました。

立ち上げから軌道に乗せるまでの間、とにかく受注したい、使ってもらいたい、その一心でした。自分のイマジネーションだけを武器にして、ラーメン店のときと同じやり方でひたすらデザインを提供し続けていきました。

ここで、私の事業誕生のストーリーをまとめておきます。

◆他人のモノに乗り継いで商売（セレクトショップ時代）

商品に思い入れはない。

とにかく流行のものを売って、利益を出すことが目的。

⬇

◆自分のモノを作って売ってみた（ＰＢ制作・販売）

自分で作ったデザインなので、商品に思い入れはある。

ただし売れるかどうかは別問題。ただの独りよがりの可能性大。

⬇

◆お客のオンリーワンのモノをデザインして販売（オーダーメイド）

自分のデザイン提案なので、もちろん思い入れがある。

しかも納得いくまで一緒に作るので、お客にも思い入れがある。

オンリーワンの価値を提供。

改めて見てみると、どれひとつ欠けても今はなかったことがわかります。

次の章からは、起業から20年、オーダーメイドプリントＴシャツの業界No１企業を育てた、そのベースとなる「超」楽になる考え方と、その行動の仕方についてお伝えしたいと思います。

第2章

本気が出るかどうかなんてはじめてみなければわからない

楽しいと思ったらはじめてみる。あとは流されていけばいい

今やっていることが面白くない、何か本気が出ない……そんな気持ちになったこと、ありますよね。

その気持ちわかります。私はそれが毎日でしたから。

誰しも、上司や先生から「本気でやれ」と叱られたことがあるのではないでしょうか。けれど、いくらいわれても、怒られても、「本気」は出てきません。

なぜか。

原因ははっきりしています。「楽しくない」からです。

一方で、新しいことをやろうと思っても、これまでの経験をすべて捨ててしまうようでもったいないとか、このままではいけないとか、さまざまなことを考えるでしょう。

結局、何をすればいいのかわからない。

いつまでたってもやる気も本気も出てこない。
なぜ、何をやってもうまくいかないのだろう。
この繰り返しです。
では、こんなとき、どうすれば局面を打開できるのでしょうか。
結論からいいましょう。

「今のままでいい」のです。

本気が出ないのに、むりやり本気を出そうとすることのほうが、ずっと問題です。そんなことをしていたら、肝心なときに本気が出なくなってしまうでしょう。

枯れた大人になんか、なりたくないですよね？

正々堂々と「今のまま」流されていけばいいのです。

私が何をやってもうまくいかず、いろいろな「逃げ」や「思いつき」で、環境に流され続けたことは、前の章でお話しました。

私がいいたいのはこういうことです。

「楽しくないから何もやらない」よりは、「少しでも楽しいと思ったらはじめたほうがいい」

そして、

「流されてもいいから、やり続ける」

やり続けることによって経験は残り、何もやらない今よりも、少しはマシになる（成長する）のです。私の場合、仕事もプライベートも、これでうまくいきました。

ただ、流されはしましたが、「ただの逃げではもったいないし、カッコ悪い」という私なりの美意識はありました。そういうとそれこそカッコいいですが、要は多少なりとも意地があったということです。

言い換えてみるとこうなります。

無理なくできる範囲内で、もっと楽しくなる方法はないだろうか

具体的にいうと、

「やればやるだけ経験になる。その経験を活かせる環境なら、少しは仕事が楽になる。だから思いついたことをとりあえずやってみた」

その繰り返しの結果として、今の私が存在しています。

ビジネス的に言い換えてみると、

「不本意な状況を、まずは頭の中でカスタマイズしてみる」

ということになります。

こういうと何やらすごいことのように聞こえてしまうから不思議ですが、本当のところは、

「流されつつ、ちょっと楽しくできないかな？」

と妄想を広げてみたのです。

こう考えると、「自分にもできるかも」という気がしてきませんか？

さらに具体的に説明します。

何かをはじめるにあたり、いくつか選択肢がある場合は、「自分が楽しそうと思える

こと」、選択肢がなくても「自分が楽しいと思える方法」であれば、比較的行動に移しやすいですよね。つまり、誰かから「やれといわれたからやる」ことではないので、変なストレスもありません。だから、すぐにはじめられるし、できない場所などないのです。

「自分が楽しそうなこと」にスケールの大小はありませんが、あえていうなら、**大きすぎるよりは小さめがいい**かもしれません。

会社や学校で得た経験や知見を元に転職や独立、起業という方向ももちろんあるでしょう。しかし、まずは日々の小さな工夫レベルからはじめたほうがいい。そのほうが楽だし、うまくいけば**「調子に乗る」**ことができます。

ここ、実はとても大切なところです。

前章でご紹介した、私の「楽しそうなことカスタマイズ」は、わりと小さなことばかりです。

アメリカの大学生活が面白くない
↓
彼女がいれば英語もできるし友達も増える

これなどは、安易かつ安直で、単に「こうなったらいいな」と妄想しただけ。

でも、これが大切なのです。

小さな妄想がうまくいくと脳が勘違いをはじめます。

「あれ、もしかして俺って、けっこうデキる？」

「現実って、変えられる？」

こんな具合です。

勘違いが生まれたらしめたもの。その勘違いを大切に育てて、雪だるまのように、どんどん転がしていきましょう。


ここで私の妄想と勘違いを、改めて整理してみます。

▼よくあるような、適当なグラフィックデザインを自作

⬅ **TシャツのPBとして店頭で販売してみた**

▼有名ブランドとともに、ショップの目立つ位置に展示

⬅ **「デザイナー気取り」で周囲に自慢**

▼日本の大学（英語学科）をやめる

⬅ **アメリカに留学**

▼アメリカにいたときに、日本でアメリカのものが大流行

⬅ **個人輸入ショップをはじめる**

▼ショップはできたが商売がうまくいかない

↓デジタルの総代理をやれば店の仕入れも削減、さらに新しい収益源ができるかも
▼8000円予算のショップのハガキDMをやめ、HP作成ソフトを買った
↓適当にECサイトを自作して通販をしてみた

やっていたことといえば、そのときの状態よりも、少しでも「楽しそうかどうか？」という基準で、妄想を育てていただけ。

無理やり「やる気」を出そうとしなくても、「そのままでいい」のです。

本気が出ないなら、妄想する

妄想してはじめることができれば、最初は小さな雪の塊も、ころころ転がって雪だるまのように大きくなり、知らず知らずのうちにその姿形は変身し、大きくなっていくのです。

楽しそうなことをまずは目先の興味で追いかけていく。
そうすれば、結果、すべてうまくいく。

ここで、いくら何でもそんな簡単にビジネスがうまくいくわけがない。あなたも失敗しているではないかと、とお叱りの声が聞こえてきそうです。

おっしゃるとおり、問題は失敗したときの対応です。

はじめるのはいいが、いったい失敗したらどうするんだ？

私の事例でも、一番楽しいだろうと思ってやったことが結果そうではなく、しかもうまくいかないことがありました。というか、うまくいかないことがほとんど、という時期がありました。

状況を変えようと、何の準備もなしに安易にスタートしたことで、経済的、精神的に大きな打撃も受けています。後戻りできない状況で、精神的に追いつめられた回数は両手でも足りません。

それでも私はこう思うのです。

結局、雪だるまを転がし続ければ、うまくいくのだと。

もしうまくいかないとすれば、それは転がすのを途中でやめてしまったときだけ。

うまくいかないことがあっても、途中でやめないこと。

つまり、うまくいかないことを**「想定内」**にしておけばいい。

受け入れて、**「もっと楽しそうな方法」**はないかと妄想して、カスタマイズしつづける。

そうやって何があっても、雪だるまを転がし続ける。

ただし、私のように準備なしに突飛な行動を起こすことはおすすめしません（笑）。

最低でも、気持ちの準備だけはお忘れなきように。

楽しいことを実現するための準備①

——用意周到、勇気、スピード

「用意周到　勇気とスピード」


この言葉は、私の会社の社是のひとつです。

ここまでお読みいただいた方からは、何かの冗談かと笑われそうですね。

いえ、正真正銘、本気の社是にして、実は私自身の行動指針でもあるのです。

社是として作ったのは２０１１年。

数え切れないほどの「うまくいかなかった経験」は、原因のほとんどがお恥ずかしい話ですが、実は「準備不足」でした。

ゆえに、「用意周到」です。

では、「勇気とスピード」のほうはどうでしょう。

これは、次の楽しい行動を考えはじめてから、妄想を膨らませ、数ある選択肢の中から何を選ぶのか。そのときに必要なのが勇気。勇気を持って選び取り、行動に移す。ここから必要なのはスピード感です。

ここから、**「用意周到　勇気とスピード」**をキーワードに、「何かをはじめるための準備」ついて、さらに具体的にお伝えしたいと思います。

楽しいことを実現するための準備②
——妄想を吐き出す

最初に、自由な発想で「自分が楽しいと思うことやその方法」について、妄想を広げて吐き出してみましょう。まずはここからです。

これを、**リストアップ**と呼びます。

リストアップするにあたり、できない理由（例：人間関係や経済状態など）を考えるのはやめてください。

私の場合は、携帯に、何か思いついたらその都度メモしていくくせがついています。もちろんこうしたやり方でもいいですし、ノートや付箋でも構いません。

実際にリストアップしてみてください。ひとつ思いつくと、じゃああれも、いやこれも！　と、妄想をどんどん膨らませていけることに気がつくでしょう。考えている時間そのものが楽しいことにも。


妄想が出尽くした、と感じたら、いったん終わりにして、翌日以降に再度リストアップしてみてください。

そして書き上げたリストアップを、少し時間をおいて（1〜2日）眺めてみてください。不思議なことに、各項目を思いついたプロセスが思い出されて、そこからさらに枝分かれして別のアイデアが浮かんできたりしませんか。それらは、すべてリストに追加しましょう。


できあがったリストを見て、リスクなくすぐにできそうなものは、早速はじめてみてください。

逆に、

「これは無謀だな、突飛すぎる」

「どう考えてもハードルが高すぎる」

というものも出てくるでしょう。そういうものはリストからいったん削除します（後から役に立つ可能性もあるので、**除外リスト**を作って、ひと言除外した理由と一緒に書きためておくことをおすすめします）。


この一連の作業を、時間があるときに少しずつ繰り返していくと、最終段階で2～3個まで絞られるのではないでしょうか。この**残った2、3個の、「まだやっていないけど、楽しそうなリスト」が非常に重要**です。


断言します。

ここに残ったリストは、実行可能だし成功の確率がかなり高い。

なぜなら、時間をかけて練り直しながら、その途中ですぐにできることはもうやっている。逆に今はどう考えても無理なことは除外していますね。

しかも迷っている。

可能性があるから迷うのです。

1対9や2対8で実行不可能ならリストに残っていません。

最低でもフィフティーフィフティーに近い、またはそれ以上だから迷うわけです。

ここで登場するのが、本章の冒頭で申し上げた「勇気」です。

「勇気」というと一部の人が持つ能力で、自分にはないなどと感じる人がいるかもしれません。でもそんな大げさな話ではありません。リストアップの最終段階で、「できそうにないこと」「自分にとって不安が大きいもの」「リスクが高いと思われるもの」は、すでにリストにないはずです。

自分が楽しそうと思うから迷うのであって、そうであるなら、「ぜひやりたい」と、うずうずしてくるはず。

うずうずしている自分の背中を押してくれるもの、それが勇気です。

最初は「小さな勇気」かもしれません。でもそれがふつうだし、それがあたりまえです。勇気は、何かをスタートさせるときのテコの役割を果たします。**自分のやりたいこ**

とにレバレッジを効かせるのが、勇気です。

自分本位でうまくいく
――心の負担を軽くするコツ

「小さな勇気」を出して、決めたことをはじめる。
そう決意したときに最初の分岐点が現れます。
何の分岐点でしょうか。

「自分が楽しく変われるか？」
VS
「今までの楽しくない状況のままいるのか？」
という分岐点です。

はじめるのか、はじめないのか。

はじめなければ変わらないし、はじめれば変わる。

実際にはじめればわかりますが、次にやってくるのは次々に見つかる課題への対処です。

ですので、はじめるのであればできるだけ早くはじめて、課題を発見し、微修正を重ねていく必要があります。運よくスタートダッシュが決まれば、などと考える人もいるかもしれませんね。でも、**個人的にどんなに楽しいと思うことでも、あるいはどんなにすごいベンチャー企業であっても、最初からうまくいくことはほぼ100%ありません。**

早めに課題が見つかったり、失敗したりすれば、ケガは小さく、しかも正しい方向への軌道修正も行いやすい。

私の場合も、見よう見まねでグラフィックデザインをやりはじめてから、今の事業に転向するまで、（自分が楽しい条件で）方向の調整と軌道修正の連続でした。

まとめてみると以下のようになります。

・アメリカでデザイナー会い、マックのデザインソフトを使ってみた

⬅

・それっぽいグラフィックデザインを作ることができるようになってきた

⬅

・画面上だけでは面白くないので、現物Tシャツを作ってみた

⬅

・自分のショップに展示して、お客や知り合いに自慢した

⬅

・お客のひとりが地元のラーメン店（ユニフォームニーズ）を紹介してくれた

⬅

・そのオーナーのデザインの要望を何度も聞いて、修正しながら受注

⬅

・他の飲食店にもニーズがあるはず（知り合いの飲食店に当たってみる）

⬅

・学校にもニーズがあるはず（高校の恩師に紹介してもらって学校も回ってみる）

・部活の先生に「サイトがあったほうが便利」といわれる

⬅

・ハガキDMをやめてHP作成ソフトを買う

⬅

・今の通販サイトの原型を自作

⬅

・親にお金を借りて、少し（5万円）だけネット広告をしてみた

⬅

・2日後に、東京の人から見積もり依頼が入る

⬅

・このネット第1号の問い合わせは失注（自分の知識と接客力不足）

⬅

・しかし、「これはいけるかも！」という気づきを得る

⇦

・現在のビジネス1本に転向

この間要した時間は約2年。最初から「Tシャツプリントの通販ビジネスで会社を大きくする」と決めていたわけではありません。ご覧の通りで、楽しそうな方向にアンテナを張って動きながら、さまざまな要望を吸い上げているうちに、いつの間にか進化していたのです。

ある程度の準備もして、リスクを最大限に回避しているつもりでも、動き出すと途中で思いもしないいやな展開になることがあります。でも行き詰まったら、別の方法で試してみればいいだけ。**やらずにできない理由を四の五の考えているより、動きながら軌道修正したほうが成功（楽しい自分の実現）に近づいていける**のです。

準備をすることで心の負担を軽くする。大切なテクニックですね。

忘れないでほしいのは、仮に準備不足でも、一時的にうまくいかなくても、**「自分本位に妄想を続けるだけで、結局最後はすべてうまくいく」**ということ。

「自分本位」というのが大切なのです。

誤解を恐れずにいえば、**自分でどうにもならない他人のことをあれこれ考える必要はありません。そんなことを考え出すと間違いなくフリーズしてしまいます。**

社会にしがらみは付きもの。かといってしがらみを前提にあれこれ考えても視野が狭くなるだけです。思考する範囲が小さくなってしまいます。つまり自身の可能性を狭めていくことにつながるのです。

妄想のイメージを膨らませる段階では、自由に発想するほうが楽しさも増して、いい意味での勘違いも起こりやすくなる。この勘違いは、先に触れたように後からいくらでも調整可能。

他人のことはさて置いて、まずは自分が楽しくなれることやその方法を、見つけてみてください。

楽しくやるためのショートカット
——２つの条件

「やってみないとわからない」というフレーズは、いろんなところでよく聞きます。
確かにそうだと思います。
私の「やってみなければわからない」には以下の前提条件があります。

①「誰かにいわれていやいややる」ことはしない。自分で楽しそうだと思えて、かつやってみたいと思うことをやる

②今やっていることの完全な方向転換はしない。今の自分の特長を活かした「楽しそうでカッコいいこと」の進化形にチャレンジする

こうあるべきだ、とルールを決めていたわけではありません。面倒くさがりだった私の場合、こうしないとハードルが高くて、行動を起こせなかったのです。

「前提条件」といっても、その条件を整えるために精神的・経済的な負担を強いるものではありません。この場合の条件とは、この上なく楽で、自分に都合のいい条件でなければなりません。

自分が楽しそうだと思うことを、自分の今とリンクさせて妄想するわけですから、逆に都合がいい条件でなければはじまりません（笑）。

負担があるといっても、ほんとうに強いていえばですが、リストアップするときの少し「まとまった時間」やノート代、あるいは家庭用プリンターで出力する際のインク代くらいです。

なぜあなたの「やる気」は出てこないのか

――やる気を出すにもコツがある

私は敷かれたレールの上でやらされることに対して、一番やる気を出すことが困難な種類の人間でした。

「やれ」と頭ごなしにいわれたら、「イヤ！」といいたくなるのが、人情です（笑）。

そうなんです。

自分が楽しいと思えない状況でも、「やる気が出る方法」を教えましょうなどとは、口が裂けてもいいません。

私がいいたいのは、**無理やりやることを一切やめて、同じことをやるにも「自分が楽しくなる方法を見つけてください！」**ということです。

何を、どんなプロセスをが楽しいと感じるかは人それぞれなので、「こうしてくださ い」とはいえません。いったら「やらされ感」が出るだけです。

無責任に聞こえるかもしれませんが、実際そうなのです。

ひとりひとり状況が異なるのに、万人に当てはまるハウツーなどあるほうがおかしいと私は思います。

ひとつ「コツ」的なことをお伝えするならば、

「なぜ？」

「何のためにこれやってるの？」
「これは何にどう役に立つの？」
と、常に自分に問いかけて、自分なりの答えを見つけてみてください。

この習慣は、仕事でも勉強でも非常に役に立ちます。大げさに聞こえるかもしれません。でも**この習慣が人生を変える**のです。

自問自答を繰り返していくと、従来の決められた方法に対して、それを採用するのかしないのか、今やっていることを続けるのかやめるのか、という判断の基準ができます。

自分がやる（やらされる）物ごとはすべて、最終的な「目的」がありますよね？

目的がわからないと、何をやっても苦痛です。

たとえば、自分が今組み立てている部品は自動車のエンジンの部品で、これがないと車は動かない。そのように理解して取り組むのとそうでないのとでは雲泥の違いがありますよね。

人は、目的がないと動けない、目的がないと苦痛を感じる生き物なのです。

目的が見えないのに、本気になどなりようがありません。

今やっていること（やろうとしていること）は、自分にとって意味があるのか？ 自分の目的（やりたいこと、なりたい人物像）にどう関係してくるのか？

このことをいつも考える習慣をぜひ身につけてください。やりがいが出てくる、成果につながりやすい、超オススメのルーティンです。

先にお話しした私のエピソードに、こんな場面がありました。

◆アメリカに留学を決めたとき

（自問と答え）
日本で英語専門の大学に入った目的は？
⬅
英語を手段にして活かせる職につく。

（今の状態）
英語は得意、単位も全取得。でも何か目的に直結する気がしないので楽しくない。

（理想の状態）

英語自体ができることではなく、それ使って仕事をする。その土台形成している実感がある。


（解決策）

アメリカで普通の大学生になる！


（理由）

英語をとくに教科として勉強せずとも習得できる。プラスα、新たに将来の仕事に直結する分野を勉強したい。

◆ブランド「ディジタル」の代理店をはじめたとき

（自問と答え）

ショップをはじめた目的は？

⬇

カッコよくビジネスを成功させること。


（今の状態）

ショップは存在しているが、ビジネスとしてはうまくいっていない。自分の理想には程遠い状態。


（理想の状態）

やりたいことも、きちんとビジネスとして、軌道に乗せている状態。


（解決策）

ディジタルの総代理店をやってみる。


（理由）

ショップ運営だけで、自分の考えていた目的（カッコよくビジネスを成功させること）には近づけていない。

多少のリスクはあるかもしれないが、今のままで目的に近づけるかどうかわからないなら、状況を打開できるチャンスかもしれない。

◆オーダーTシャツの通販に転向を決めたとき

（自問と答え）

ショップと代理店の商売は右肩下がり。このままでは廃業せざるを得ない。

・大学に戻る？
・廃業して就職先を探す？

この2つは、自分が楽しいと思える方向なのか？

⬅

違う！

（今の状態）

売れるかどうかわからない、むしろ流行らなくなった商品が在庫の山になっている。魅力的な商品の仕入れができないから、さらに客が減る。悪循環で借金まみれ。ちょうど地元ラーメン店からのユニフォームオーダーをもらったところ。

（理想の状態）

オーダーＴシャツ事業で、生計が立てられる。

（解決策）

経費をかけずに効率的に動ける、地元の飲食店や学校に営業する（すべて知り合いから）。

（理由）

店はすでにＴシャツ１枚売るのも難しい状態だが、「ユニフォーム」としてなら数がまとまる（オーダー第１号のラーメン店からの受注は２００枚、売り上げ30万の実績）。

我流でも成功事例があるので、自分のデザインスキルを活かして、新しい形態に進化できるかもしれない。

すべて、そのときそのときの自分の経験、知識の中だけで動いているので、後から考えると「安易だし、幼稚だよな」と感じることも多々あります。しかも、3つのエピソードの、最初の2つは見事に失敗。

でもこの失敗には「後」がありました。

失敗してすぐにやめていたら「ただの失敗」でしたが、自問を続け、妄想の雪だるまを転がし続けて、今の事業の原型を見つけることができたわけです。

エジソンの名言にこうあります。

「失敗ではない。うまくいかない1万通りの方法を発見したのだ」

エジソンとは比較にもなりませんが、私も2つの「うまくいかない方法を見つけ」て、3つめのうまくいく方法を見つけたのです。

本気はどうしたら出てくるのか

――必要なのは小さな成功体験、それだけ

自分で考えて楽しそうだと思ったことは、もちろんやる気満々ではじめられます。最初にやる気があっても、「思ったようにいかない」と、やる気も失われてしまいますよね。

ここで大切なのは、少しずつでも将来の自分の理想像に近づいている、という実感、小さな「成功体験」の有無です。

大きな理想を持つことは大切ですが、理想で飯は食えません。理想は懐に抱き続けて、**リアルな日常の具体的な行動に関して思い切りハードルを（少しでも前に進めるレベルに）下げて、それをひとつずつこなしていく、**その集積が知らず知らず進化をもたらし、気づいたら「ずいぶん遠くまで来ちまったなあ」ということにつながるのです。

ラーメン店からのTシャツの受注をきっかけに、オーダーTシャツの事業に転向したときのことです。

ほかにも飲食店のニーズがあるだろうということに真っ先に気づきました。そこから学校の部活でニーズがあるかも、と発想がつながっていきました。

とはいっても、飛び込みの営業やいきなりのテレアポ（電話営業）では、うまくやれる気がしません（うまくやれるタイプの人もいますが、私は大の苦手でした）。

よく行くお店で食事をするときに、私は決まってラーメン店から注文をもらった一連のことを話し、デザインTシャツの写真を見せながら、

「もしオリジナルのデザインTシャツ作りたい人いたら声かけてください」

とお願いをしていました。店によってはチラシも置かせてくれました。

学校も同様です。

交流のあった高校の先生（私が陸上部時代の顧問）に相談をして、当時の陸上部の顧問に声をかけてもらいました。

いきなり名刺とカタログを持っていくのではなく、「先輩が練習を見てくれる」とい

う体裁で私を紹介してくれたのです。練習に参加してみると、みんなの練習着がバラバラでした。そこで、

「ユニフォームにしてみませんか？　デザインは私ができますから、おためしで次回、持ってきます」

という具合に話を進めました。

次にまた行く理由ができるし、デザインという目に見えるイメージがあれば、生徒からも「もっとこうしたい」という要望が出てくるはずです。

先生から先生へ、いくつかの運動部を紹介してもらい、顧問の先生に同じような提案をしていきました。

「間に合っているから」

と断られるクラブも多々ありました。

ショップの営業後は飲みに行くついでに、学校には日時を決めて商談に、という流れが少しずつできはじめたのはこの頃です。

２００３年の春ごろには、新入生が入ってくるという季節需要もあって、数件ではありましたが受注できるようになっていました。

地元高松の小さな商圏で、しかも自分が楽にアプローチできる範囲だけ、という本当に小さな範囲ではじめたオーダーTシャツのビジネスでした。

店にいても、いつ来るのかわからないお客を待ち続けるだけでは気が沈んできて、少しでも楽しく仕事がしたいと動いたことで、「小さな成功体験」を得ることができたのです。

この時点では「ひとりよがりのワクワク」でしかありません。でもそれでいいのです。妄想を止めずに、考えながらとにかく動く。

好きなことをやっていさえすれば、動きたくなる。

動きたくないと思うのであれば、自分は好きなことをやっていない、ということになるでしょう。

小さな成功体験は、小さな「やる気」を引き出します。たとえ小さなやる気でも、伝播していくことで、周囲の人を巻き込んでいく「本気」に変わっていくのです。

「本気」は「やる気」の後にやってくる
――一貫性の法則

「もっと知りたい」

「もっとよくしたい」

人にはもともと知識欲や成長欲求があります。「楽しい」と感じているものであればなおのこと。

貪欲《どんよく》になってくると気づきが増えていきます。新しい知識が増えていくので当然ですね。

まずは楽しそうなことを想像（妄想）して、小さな雪だるまの元を作り、自分の中で膨らませていく。

そして、妄想の楽しいプロセスの中で「やる気」が出てくる。

私の場合は、この時点でいてもたってもいられなくなり行動に移していました（準備不足ばかりでしたが）。

妄想はあくまで妄想です。よくいえばアイデアの種。悪くいえばただの思いつき。ゆえに「完璧な妄想」はあり得ません。妄想には正解も不正解もありません。

繰り返しますが、「楽しい！　やってみたい！」と思ったアイデアは、そう感じていないアイデアに比べてうまくいく確率が高いのです。なぜなら動くことが苦にならないし、知識の習得や情報収集にも貪欲になれるし、動きも速くなるからです。

やる気が出てきて「やってみたい！　早く動いてみたい！」と思えれば半分勝ちです。あとは行動を起こしてみて、注意深くアンテナを張りめぐらせながら、気づいたことから妄想をさらに膨らませていけばいいのです。

私の場合、２００３年の春からオーダーウェアの営業をしはじめて、夏のＴシャツ需要期から秋の文化祭時期には、月に10件以上のチームオーダーをもらえるまでになっていました。

自分で足を運び、見積もりして、デザインもして、日々新たな案件が増えていくことで多忙になり、やる気にも本気にも滑車がかかっていきました。

このころ、ふとあることに「気づき」ました。

「チームのTシャツ作ります！」

と前触れもなく持ちかけても「何だよ、営業かよ」といったふうに受け取られ、まともに話を聞いてもらえないことが大半でした。そこで機会を見つけてはチームのいろいろな話を聞いて、コンセプトデザインをつくって**ビジュアル化**、それをユニフォームにして提案するようにしたのです。それを見た瞬間、ほとんどの人が急に前のめりになり、

「お〜、かっこいいやん！」

「もっとこんな感じがいいな」

と話に乗ってくれるようになりました。

このとき得た気づきを文章化するとこのようになります。

イメージを視覚化して見せると興味の持ち方が劇的に変わる

誰かに教えられたわけでもないし、こうせよ、こう考えよと強制されたわけでもあり

ません。

私のいい方でいわせてもらえば、「自動的に、感覚的に生まれた」気づきです。

楽しいことをもっと前に進める、そのために試行錯誤を繰り返しました。

すると計画も精度が上がり、細部にもこだわりが出てきました。

「○○さんのためだ！」

と、発注してくれた人のことを思って動くようになっていきました。

「一貫性の法則」をご存知でしょうか。

自らの行動や発言、感情、態度、言葉遣い、表情などを、一貫したものにしたいという心理のことです。一貫性の原理ともいいます。

たとえば、好きな作家の本は周囲がどんなに面白くないといっても買ってしまうとか、一から携わったことは最後までやり遂げたいとか、こういう心理のことです。

注文をもらう、という一連のプロセスは「約束」の連続です。最終的にその商品の品質やデザイン、納期に対して相手との「約束」になるわけですから、これを意地でも守ろうとします。

これが一貫性です。

特別な才能でも何でもなく、誰にでも一貫したいという心理的傾向があるのです。

・ワクワクしながら、とりあえずやってみる
⬅
・まわりに自分のことを発信する（自慢話でＯＫ）
⬅
・少しずつ「小さな成功体験」を作っていく
⬅
・試行錯誤の中で、細かい部分の精度が上がっていく
⬅
・相手との「約束」が増えてくる
⬅
・約束をちゃんと守るために動く
⬅
・その熱がまわりを巻き込んで、周囲に影響を及ぼすようになる

理屈で説明すれば、こういうことになります。

やる気の後に本気が出てくるというのは、一貫性の法則から見ても正しいと思います。

楽しいことをやっていればチャンスは誰にでも必ずやってくる
——偶然は必然

2003年の秋、営業で訪問したある先生の何気ないひと言が、私の人生をさらに大きく変えることになります。

「あなたのところはネットやってないの？　ホームページがあったら、いちいち時間合わせて来てもらわなくても、生徒と一緒に決められると思うけどな」

ネット通販（EC）が一般的に信用を獲得しはじめた時期ではありましたが、このころはまだ一部の都市圏の話で、高松で小規模で商売をする自分たちには無関係と思っていました。コンピュータオタクの話程度にしか受け止めていなかったのです。

しかし、この先生の言葉が頭の隅に残って、気になっていたのだろうと思います。

なぜかというと、

「ホームページってどうやって作るんだろう？」

「業者に頼めるようなお金はないけど、ホームページつくるのにお金はいくらかかるのか」

などと、ネット検索をするようになったからです。

でもこれは、単なる興味から。ホームページで商売が大きくなるなどとは、まだこれっぽっちも考えていませんでした。

実はこのころはＤＭで顧客を増やせないかと模索していた時期に重なります。予算は約８０００円（１６０部）。自分で作ったチラシをプリントして、四国の学校に送ろうとしていました。

自問自答がはじまりました。

「ホームページの話を持ち出した先生はほんとうにただのコンピュータオタクなのだろ

うか？」

「オタクしか興味がなければ広がりもないだろうけど、実態はどうなってるんだ？」

「俺が知らないだけで、ネットにはすごい可能性があるんじゃないのか？」

「実はすでにはじめてる人がいい思いをしている？」

「一般にはまだあまり知られてなくても、これからとてつもないニーズが生まれるのではないのか？」


あれこれと自問自答がはじまった段階で、答えは決まっていたも同然です。

「これ、ここまで考えて、やらないことなんてあり得るの？」


結局、必殺の自問にたどり着きました。

もちろん答えはNOです。

「やらないなんて、あり得ない」

これが結論でした。


すぐに8000円を握りしめ、HP作成ソフトを買いに行きました。

はじめてみると、使い方が何もわからず、最初はお手上げ状態。でも多少なりとも磨いてきたデザインスキルに助けられて、おそるおそるソフトをいじりはじめました。

昼間はショップ、夜はバイトをしながらホームページ作成（昼間はほとんどお客が来なかったので、じっくり作業できました）をすること3ヵ月。

ここでまた、疑問が湧いてきました。

「サイト作るのはいいけど、どうやって見てもらうの？」

店のURLを印刷した名刺をもらった人がいても、パソコンでその文字列を打ち込むという面倒なことをする人がいるとは思えないし、無名のショップだから検索してもらえない。これは、どうやったら集客ツールになるのだろうか。

HP制作の合間にネット検索をしていたところ（今では当たり前の手法ですが、当時はネット検索そのものがメジャーではありませんでした）、リスティング広告やSEO対策（どちらも検索結果の上位表示で集客する方法）というものがあるということを知りました。

ひと通りECサイトが完成するタイミングで、私は「SEO対策」というワードで検索をかけ、できるだけ上位で、まだ規模の小さそうな会社にコンタクトを取りました。

サイト内に社長直通のアドレスが載っていたので、

「これから事業を立ち上げようとしているのでお金がない」

「料金は出世払いにしてほしい」

と直談判。

当然ですが、あえなく撃沈でした。

多少は意気に感じてもらえたのでしょう。いくらかの値引きと成果報酬を絡めた料金体系にしてもらい、初期投資としては格安でスタート。マイナススタートの身としては、かなり助かりました。


自然検索の検索結果を上げていく**「SEO対策」**は、効果が出てくるまでに時間がかかるのですが、検索結果画面のさらに上の部分に**「広告枠」**があるということも知り、調べました。

これは**クリック課金広告**（1クリックに対して、キーワードごとに入札制で課金額を決める広告）で、すぐに出稿でき、広告の出稿停止も自由。予算に応じて好きな分だけ上位表示広告ができるというもので、個人事業主でも出稿が可能でした。

当初、検索結果の上位に表示されることがどれほどの意味をもつのか半信半疑でした。

それでも作ったサイトはなるべく多くの人々に見てもらいたい、ダメならダメでほかのことを考えるから早く結果を知りたい、そんな思いでサイトの広告枠を少しだけ試しました。

広告は検索サイト（Yahoo, Googleなど）へのクレジットカード払いでしたが、当時自分名義のカードはなく、母親に事情を説明して、5万円だけ頼み込んで借りました。

そのときの母親のセリフが、

「あんた、また訳のわからないことにお金使ってるんじゃないだろうね？」

でした。

今となっては、「あのときに俺を信用して5万貸さなかったら今はないよ」と笑い話ですが、当時の状況からすると疑われてあたりまえでした。

正直、ネット広告を少しやったくらいで問い合わせが来るとは思っていませんでしたが、広告を出してから2日後、東京から見積もり依頼が入ったのです。同業者の冷やかしか何かだろうと思っていたのですが、リアルなお客でした。第1号の問い合わせは予算が合わず（もしかしたら私の知識不足やつたない対応もあったかもしれません）、失注。

けれどそんなことはどうでもよかったのです。

高松にいたままだったら絶対にあり得ない、東京からの問い合わせです。

暗闇に光が見えた瞬間でした。

ここから再び、妄想のスタートです。

「もしかしたら、ネットは全国区で営業できる最高のツールになるのではないか？」

妄想はほどなく現実になりました。ビジネスは雪だるま式に大きくなっていったのです。売上のほとんどを広告に回しては売上を作り、また広告に還元。これを繰り返しました。

ネットではじめての問い合わせをもらった2004年1月から1年後、何と売上は6000万になっていました。 店のほうの売上が、年商200万に落ち込んだにもかかわらずです。

アメリカでデザインを少し学び、自分ブランドを作ってショップに置くことで情報発信、そこからお客のユニフォームTシャツをデザイン。それがきっかけで「ホームページが便利」という情報を入手。ここから、今の事業の土台をつくることに成功しました。

楽しそうなので即行動。行動したならうまくいくのかどうか早く知りたい。仮にうまくいかなくても動き出しが早いので、軌道修正もかんたん。

考え過ぎてネガティブな妄想に捕らわれることも少なくありません。けれど考えを推し進めて、やってみなければわからない、というところまで考えたら、実際にやってみるしかないのです。

「やらない選択肢はない」

のです。

やってみないとわからない先のことに対して、楽しい妄想（やりたい気持ち）が勝っていれば、

「よし、やってみよう」

です。

妄想を形にしながら、楽しい想像をめぐらせ、細かく動きながら軌道修正を続ける。

その先にはチャンスしかありません。誰にでも必ずチャンスがやってくる意味が、おわかりいただけましたか。

正解があることに意味なんてない
——一番カッコいいと思う方法で進めばそれでいい

人生において、もしも「不正解」があるとすれば、それは数学の問題で間違えたときとか、違法行為や迷惑行為で法的な制裁を受けるときくらいです。

数学や理科の問題以外に、そもそも正解も不正解もありません。

私自身がその格好の事例です。

自分でコントロールできないこと（他人の考えなど）をあれこれ考えて、縮こまる必要はありません。そんなことをしていたら、結局は最大公約数を取るしか道がなくなります。そうした選択の結果として、「やりたいことをやっている」「楽しいことをやっている」と思えるわけがありません。

どうすれば自分自身が楽しくなるのか。そしてどうすれば人の役に立てるのか（＝評価を得る）、を考えて動くということなら、強いていえばこれが正解でしょう。

さまざまな要素が複雑に絡み合って、タイミングによっても、物ごとはどんどん姿形、しくみさえも変わっていきます。

千変万化にすべて対応できる人などいません。だから、その時々にできることをやってみる、それでいいのです。

判断基準はひとつで十分
――「これをやらなければ後悔するかどうか」、この一択

本章の冒頭で、「用意周到、勇気とスピード」についてお伝えしました。

人は誰でも、ない袖は振れません。でも妄想なら好きなだけできる。自分なりに目一杯、妄想の翼を拡げてみてください。想像してみてください。

もうこれ以上は考えても先に進まない。

ここまできたら、行動です。やってみるのです。

というより、そもそも楽しい妄想からはじまっているので、やりたくてうずうずするはずなのです。

このときに動くか動かないか。これが**仕事で成功するかどうかの分かれ道**です。動いてみてうまくいかなくても、「成功しない方法をひとつ見つけることができた」のですから、損はありません。

私も実は、こんなことをいいながら、かなり悩むタイプです。

かつてと今では悩みの種類が変わりましたが、悩み込むという性格は変わっていません。

ただ、自分の妄想力＝想像力をマックスに動かして、「もうこれ以上はわからない」となった段階で一気に楽になります。なぜなら必殺の自問、

「これをやらなければ後悔するか？」

に行き着くからです。

答えが「ＹＥＳ」ならやってみます。何度も述べてきましたが、ここまで悩むということ自体に、考えられる限りのネガティブ要素が排除され、成功の可能性が秘められています。

答えが「ＮＯ」なら、方向転換、またはペンディング（中止）です。

最近、新たな問いが増えました。

「これは自分（達）がどうにかできることなのか？」

です。

よく聞く名言に、

「過去と他人は変えられない。
しかし、自分と未来は変えることができる」

とあります。これはカナダ出身の医師、エリック・バーンの言葉ですが、まさにこのことですね。

景気、競合、果ては天気に至るまで、悩もうと思えばいくらでも悩みは出てくるでしょう。これが「自分がどうにもできないこと」の典型です。できない（やらない）口実を作らないためにも、状況を把握して、できる限りの準備をする。しかし、そのうえでさらにあれこれと悩むのは時間の無駄です。

借金を抱えてひとりでやっていたときとは、規模も責任も異なる悩みが今の私にはあります。これからも悩みは大きくなるでしょうし、なくならないと思います。でも逆に私の思考は、どんどんシンプルになっていくことでしょう。

「これは自分にどうにかできることなのか？」
「これをやらなければ自分は後悔するのか？」

この2つの自問があればいいのですから。

第3章

9回失敗しても1回成功すれば全勝と同じ

「できない理由」は絶対に考えない

——1勝9敗の法則

人間、何かに不安なときや失敗したとき、「できない理由」を必要以上に深く考えがちです。前の章でもお伝えしましたが、私もかなり悩むタイプなので、たくさんの「できない」を経験し、そのたびに「できない理由」を探してしんしんと悩み続けてきました。

経験を経るごとに考え方はシンプルになり、「できないこと」や「失敗」に立ち止まって悩むことはずいぶん減りました。今は、そんな時間がもったいない、「はい、次いってみよう！」です。以前よりも視野が広くなったことで、ひとつのことに固執することが少なくなったからなのだと思います。

失敗からの「次いってみよう！」の行き先には、「よい方向」と「悪い方向」があります。

失敗したことと180度異なる方向へ向かうのではなく、失敗した経験や自分のスキルを活かせる方向へ向かうのが、私が考えるよい方向です。

失敗はまったく問題ありません。問題なのは、失敗したあとです。

失敗したことをすべて捨ててしまって、まったく新しいことに取り組もうとする人をよく見かけますが、これでは経験やスキルが活きません。すでに**はじめた大きな方向は「変えない」ことが大切**です。

私の事例でいえば次のようなことが挙げられます。

▼日本の大学では英文科に進んだが物足りなくて退学。その後、「英語」のスキルを活かしたいとアメリカへ留学した。

▼アメリカの大学も結局退学したが、輸入ショップをはじめたことで「アメリカ」にはかかわりを残した。

▼アメリカにかかわりがあったおかげで、デザイナーの元で働く機会を得、ショップの輸入品が売れなくなったときに、自分でデザインしたTシャツを売ろうとした。

▼ショップは廃業になったが、自分のデザインを発信していたことで、オーダーメードTシャツ販売サービスに進化した。

当初の目的（それぞれの行動の、一般的な成功の定義）からすると、最後のひとつ以外はすべて「失敗」です。

しかしどの「失敗」が欠けていても、今はありません。

そのときは確かに「失敗」したのですが、完全なる失敗にしてしまわないように、道筋を少し修正して、うまくいくまでやり続けたのです。

「1勝9敗」と章のタイトルにかかげました。

スポーツの勝敗は、野球やサッカー、テニス、卓球など、ひとつのカテゴリーの中での戦いです。私の場合はひとつのカテゴリーの中の戦いとはいえません。でも最初にはじめたビジネスの方向を少しずつ変えながら、近接するテリトリーの中で起業という戦いをしてきたということはできると思います。

繰り返しになりますが、今の自分を最大限活用できる範囲の「別の試合」を作って、私は挑戦し続けてきました。でも試合をやるたびに負けて（失敗して）いる。負けたので、また少し別の視点からの試合をやってみる。

この繰り返しの中で、私は勝つ（うまくいく）試合を見つけた。

今から振り返ると、これが1勝に当たります。当時はそんなふうに思いませんでしたが。

逆に、うまくいったその時点で、「勝った」とはこれっぽっちも思っていません。「うまくいく」までに、何度も失敗を経験してきたわけですから当然です。うまくいったことがない以上、今回に限ってうまくいくなんて思えるはずがないですよね。

1年前の自分と今の自分を比較してみてください。

1年前にやろうとしていたことが実現できていたとしても、今の自分は、1年前とはまた違った目標と課題を掲げていることに気がつくでしょう。それらは1年前と比べて、少しだけ大きく複雑になっているはずです。

2004年に今の事業をはじめたとき、30億という売上の会社になるなどとは微塵も考えていませんでした、いえ、正直にいえば考えようがありませんでした。夢でさえなかった。だから、当時の自分の目線からしたら、今は「夢かなって大成功」のはずです。ところが、当時とは比べ物にならないプレッシャーがあります。責任も覚悟も天と地ほどの差があることを実感します。

15年間失敗をし続けて、その都度自分を最大限に活かせる範囲で軌道修正してきた。その結果として今がある。目標がさらに大きくなり、課題のレベルも段違いに高くなってしまいました。

「9回負けても最後に1勝すれば勝ち」というのは、目標も課題も大きくなって、さらに大きいことにチャレンジすることのできる権利を獲得したことと同じ、そんなふうに私は考えます。

失敗は多ければ多いほどいい
——成功者は例外なく大きな失敗をしている

経営者として、私自身はまだまだ失敗（学び・経験）が足りません。

7～8年前まで、高松本社にほとんどこもって仕事をしていました。さすがに一般のお客の電話受付やメール応対は卒業していましたが、サイトや広告運用、マーケティングなどは自分がしていました。後進を育てるよりも自分でやったほうが早いと思っていたからです。

これでは事業に対して長期目線がなく、後進育成も進むわけがありません。自分自身も本来の仕事ができませんから、組織としても頭打ちになってしまいます。

私がこのように考えるようになったのは、東京出張が増え、勉強会や交流会などで多くの経営者と出会い、企業理念や経営についてさまざまな考えに触れることができたからです。

当時は月に1～2日程度だった東京出張ですが、今はほとんど東京にいます。もちろん多くの方々にお会いします。

数々の出会いの中で、いくつも大きな気づきを得ることになりました。

そのひとつが、**「すごいなこの人は！」と思うような人ほど、私とは比べ物にならない大きな失敗を、たくさんしている**ということです。

しかも、**そういう方々に共通しているのが、どんな失敗も前向きにとらえていて、笑い話のように失敗を語るということ**でした。いわゆる自虐ネタですね。

ビジネスはやればやるほどに、考え方も価値観も進化していきますが、そのときそのときで「本物の自分」でありたいと、やりたいことをやり続けている。そして失敗する。何度失敗しても、次に行こうとする。だから軸がぶれない。

世間一般がいう失敗を、成功した人は本質的な失敗とは思っていないのです。話もシンプル、それでいて迫力があり、説得力があります。

ここで、私と同じ業界で成功している経営者の方を紹介します。

Tシャツプリント業界で、Y氏は随一のシステマティックな仕組みを構築しています。

彼は、自分で「機械オタク」と言い切るほどで、最先端のプリント機にこだわり、情報があれば世界中どこへでも飛んでいきます。

受発注、（プリント加工などの）生産管理、梱包、発送まで、すべて自動化し、時代にあった効率的な業務フローを構築、業績を伸ばしていますが、ここに至るまでに相当な苦労もあったようです。

今ほどＩＴでの一元管理がなされていない時代、彼は根っからの職人や工員たちを組織で管理することに苦労していました。

「機械はいい。文句もいわず、飯も食わず、24時間働いでくれる」

どれだけ大変な思いをしてきたのかは、彼のこの言葉に集約されていますよね。

会社は組織です。業態にもよるので一概にはいえませんが、作業に属する仕事においては、いうことを聞かずに我を通す人の管理ほど大変なことはありません。会社の理念を無視し、同じ方向を向かずにわがままをいい、本質ではない枝葉末節にこだわって生産性を下げてしまうからです。

「作業的な仕事は人にやってもらうのではなく、機械でやるほうが絶対にいい」
「何よりも自分は、機械が大好きだ」

Ｙ氏は、こうした信念のもとで、現在のシステムを一心不乱に構築してきました。

会社によって方針や経営者の考え方は異なります。同じ業態でも生産工程がまったく同じということはあまりありません。会社の方針は経営者が立てるものです。問題は**方針が正しいとか間違っているとかいうことにあるのではなく、信念を持って自分のやりたいこと（＝楽しいこと）をやっているかどうか**なのです。

苦労や失敗も数多ある。それらはすべて、自身の構想（やりたいこと）を実現させるための勉強であり糧である。

成功している経営者は、例外なくこのことを身をもって経験、理解している人ばかりです。

私も基本的には、「好きなこと」しかしていません（嫌いなことをしなければいけない状況ももちろんありますが、その環境の中で「楽しい、好きなやり方」でやっています）。

ただし、「好きなことの基準」に大きな変化が生まれたとはいえるでしょう。

2000～2002年ごろの私には語れるビジョンがありませんでした。仕事よりも、仲のいい友人たちと街に繰り出すほうが断然楽しく感じていました。

再三お伝えしているように、私は「自分基準で楽しいこと」が大好きです。ある人からこんなことをいわれたことがあるほどです。
「まるで明日がないみたいに、毎日飲んだくれてたよね」

小さな成功体験を積み重ねていけるようになると、人に認められます。認められると約束（責任）が増えてきます。

人は一貫性の法則の中で生きているので、その一貫性を保つために「約束」を遂行しようとします。これを続けていくと人が集まってきます。そして新たな価値を生み、周囲にも与えて、さまざまな人や組織から「信用」を獲得していきます。

この繰り返しの中で、セルフイメージが変化していきます。
セルフイメージが変化すると、自身の価値観＝「よしとする基準」が変わってきます。面白いと感じる基準、楽しいと感じる基準も変わります。「失敗」に対する見方も変わります。

やりたいこと、守るべき約束、目標が明確化してくるので、それを実現したくて動くようになる。多くは一筋縄ではいかないので、何度も失敗。それでも、「大義」や「セルフイメージ」が変化しているので、「うまくいかないことのほうがあたりまえ」「すべては想定内」になってきて、かんたんにはダメージを受けなくなるのです。

私を含めて多くの経営者は、「うまくいかないこと」を「失敗」だと考えていません。**ひとつ「うまくいかない方法」を見つけたから、ひとつ成功に近づいている。**そのように考えるのです。

ここで疑問が出てきませんか。

失敗を失敗と思わないのだとしたら、いったい何が「失敗」なのかと。

答えを先にいってしまうと、**成功者にとっての失敗とは「やらないこと」**です。

なぜか。

「やらないこと」＝「成功に近づく方法を見つけられないこと」

これが、成功者にとっての方程式だからです。

シンプルですよね。

私は「後悔」が一番嫌いです。なので、

「あのときやっておけばうまくいったかもしれない」

という、やらなかったことに対する後悔は、基本的にありません。

浅はかな経験や知識で拙速に行動して、「うまくいかないこと」はたくさんありました。何度も大きく凹みました。でも「あれをしていれば、俺はもっと成功していたかもしれない」という後悔はありません。

だから今までの経験のどれひとつが欠けても、今の自分はない、と言い切れるのです。

風呂敷は大きく広げる
——小さな風呂敷では包めるものが少ない

「大風呂敷を広げる」という言葉があります。「大げさにいう」「ほらを吹く」など、普段はあまりいい意味では使われませんよね。

しかし（私が尊敬する経営者の方々に共通していると思いますが）、結果を出す（1勝する）人は、ほとんどが大風呂敷を広げているのをご存知でしょうか。

マイクロソフト創業者の**ビル・ゲイツ**氏は、まだできてもいないプログラミング言語BASICを開発したと大風呂敷を広げてMITS社（世界最初のパーソナルコンピュータを作った会社）に売り込み、契約をまとめてから着手しました。

またソフトバンクグループの創業者、**孫正義**氏は、会社創業日にみかん箱の上に立ち、「これから私たちは、売上を豆腐のように1丁、二丁（1兆、2兆）と数える会社にする」といったというエピソードが有名です。ちなみにこれを聞いた従業員は、「この社長は頭がおかしい」と逃げ出したというおまけ付きです。

大風呂敷は、よい意味にも悪い意味にも使われる言葉です。悪い意味ならできもしないことを大言壮語する大うそつきになるし、よい意味なら、多くの人が目を疑うような結果を出す成功者になります。

成功する大風呂敷の人は、「できる」と思い込んでいることが共通していると私は考えています。

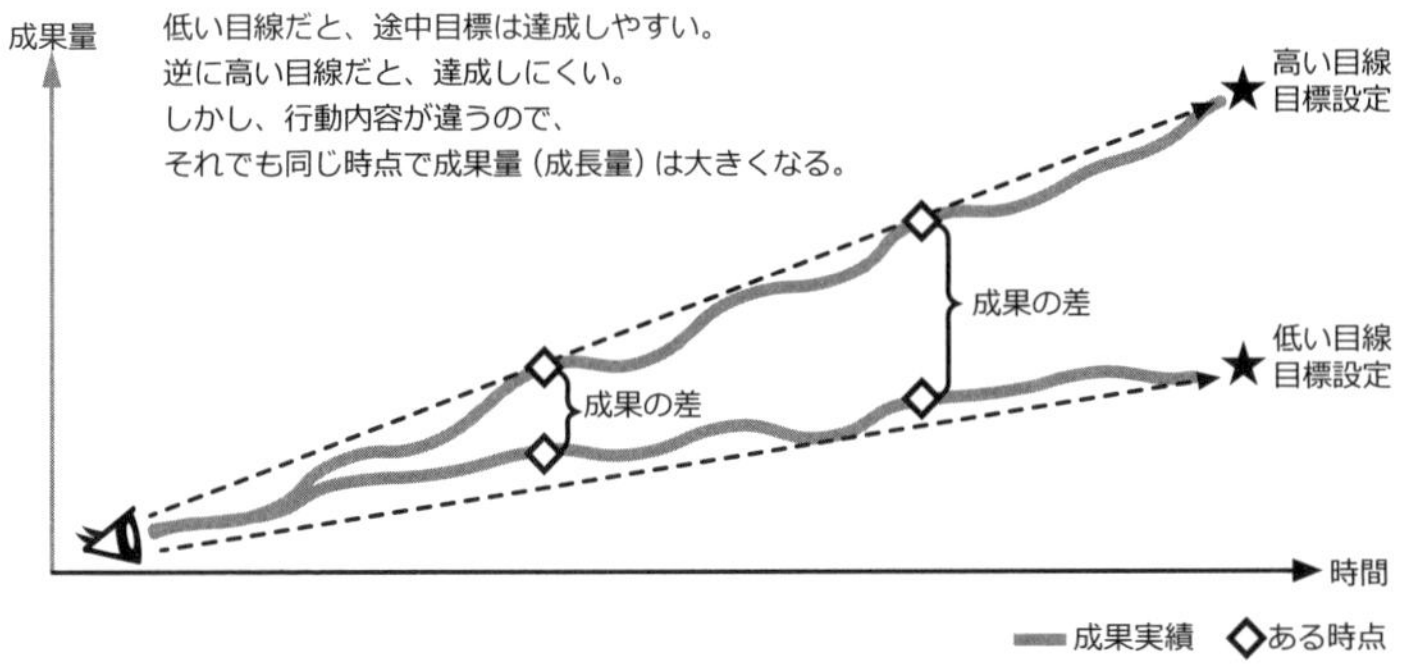

「楽しい、やりたい」という内発的な気持ちに後押しされて設定する目標は、「自分はできる」と信じ込むことができているので、具体的な行動計画を立てやすいのです。

ここが大きなポイントだと思うのですが、大きな目標に対する角度の高い目線をもち、そこから逆算してマイルストーン（進捗を管理するためにつくる折々の節目のこと）をつくり、実行計画に沿って行動する人は、そうでない人に比べて、成長と結果に大きな差が出てきます。

最初は誰でも、差はほとんどありません。しかし時間がたてばたつほど、高い目線の人と低い目線の人との間には大きな差が生まれるでしょう。

上のイラストを見てください。

そもそも目指すところそのものが高いと、簡単には途中のマイルストーンも達成できないことのほうが多いでしょう。ギリギリ達成できたり、できなかったり、もしかしたら8対2や、9対1くらいで達成できないことのほうが多いかもしれない。それこそ1勝9敗です。でもそれでいい、いえ、それがいいのです。

高い目標に合わせた逆算の行動計画と、目線の低い目標を立てた行動計画とは、当然、内容がまったく変わってきます。

高い目標に合わせた行動計画のほうが、経験の質・量ともに、大幅にブラッシュアップされ、その結果、成長量も大きくなるのです。

ここで、行動の量と質について、少し考えてみましょう。

行動の量

あえて早い期限と高めの目標を設定すると、早く動かざるを得なくなります。無理矢理ではなく、やりたいことを楽しい方法でトライしようとすれば、結果を早く知りたいので、「自動的に」行動してしまう。

このように行動していくと、頭の中で、次の選択肢が枝分かれして増えていきます。うまくいけばそれでいいし、ダメなら他の選択肢をためしたい。そんな気持ちになるはずです。

行動量は想像量（先のシミュレーション）に比例します。

「行動しながらの想像」を繰り返していると、「打つ手」がたくさん出てきますから、どんなに悪くても、ひとつはうまくいくことが見えてくるでしょう。これが、物ごとを1歩進める小さな成功体験になります。

その小さな成功体験の階段を1段ずつ上り続けると、見える景色がどんどん変わってきて、視野も広くなり、俯瞰的に自分やまわりの状況を把握できるようになります。

そうすると自然に情報量が増えるので、想像できる幅が大きくなり、点だったものが線になり、面になり、立体的になりますから、高確率で、小さな成功体験が同時多発的に発生する場面に遭遇するようになります。

こうなったら、このサイクルを繰り返していくだけ。気づいたときには、以前からは考えられないような景色を見ている自分を発見するでしょう。

行動の質

行動の質にもいろいろありますが、大切な判断基準としては、やろうとしていることが「自分ごと」なのか、「他人ごと」なのかが挙げられます。

一般論では、「質のよい行動」とは結果を出すための正しい方法、と説明されます。しかし、何度も説明してきたように、**どこまでいっても、当事者には「正しい方法」などわかりません。「わかる」という人は、ただの評論家です。プロセスを知らない外野からの結果論です。**

結果がどうであれ、目指すものやそこに向かうプロセスが他人ごとである限り、行動の質はよくなりません。すべてを自分ごととして考えられるようになってはじめて、やっと行動の質が上がってきます。

その際、「自分ごと」のレベル（熱量）、行動量（想像量）が高ければ高いほど、行動の質は高まっていきます。

本書を手にとった皆さんは、できるだけ早く階段を上って、成功をつかみたいという思いを持った方々だろうと思います。とにかく何かをはじめたい、ためしたい、少しでも早く成功したい、できるかぎりの大風呂敷を広げてみたいと、うずうずしているのではないではないでしょうか。

私の事例ですと、１９９８年にセレクトショップをオープンし、翌年ディジタル（当時駆け出しのアメリカのストリートブランド）の日本総代理店をはじめたときが、それに当たるでしょうか。

１章でお伝えした通りですが、私も大胆に大風呂敷を広げていたと思います。アメリカ発の新進ブランドを日本に紹介して流行の最先端ショップ経営者として成功するんだ。何の準備もなく「カッコいい！」「商売できるかも！」という、安直な発想ではじめた起業でした。

安直ではありましたが、あのとき広げた大風呂敷があったからこそ、あらゆる失敗の先に成功をつかむことができたと思うのです。

「人間万事塞翁が馬」といいますよね。

何度でも繰り返します。

好きなことなら何をしてもいい。

無理に今の環境を変える必要もありません。

だからといって法に触れるようなことだけはやめてくださいね。刑務所生活になったらそれこそ後悔だけの人生になってしまいますから。

本当に楽しくてやりたいと思えること（や方法）を目一杯妄想（想像）して、行動する。

行動して経験したことから、また想像を膨らませる。

これが私のいう「大風呂敷を広げる」の意味です。

「ちょっと違うやり方」にこそ大きな価値がある

——ひと工夫から生まれるオリジナリティー

「常に考え、工夫し、高い目標にチャレンジする」
これは私の会社の社員に目指してほしい人物像です。

「工夫しなさい」

学校や家庭で、何かにつけて、さまざまな場面で、いわれてきた言葉のひとつですよね。

「工夫」なんて言葉は、聞き慣れているし、大半の人には陳腐に聞こえるかもしれませんね。

経営者になって、事業の規模が大きくなっていくプロセスで、はじめて私は「工夫」がいかに大切かを、心の底から納得してその重要性を社員に訴えるようになりました。

工夫＝成功ではもちろんありません。いくら工夫しても失敗するときは失敗します。

まずは「ちょっと違うやり方」が、うまく機能して小さな成功体験になったエピソードを、もうひとつ。

ディジタルの売り方の工夫

東京の「裏原宿」というエリアは、今でも若者の流行を発信するようなショップが並んでいます。私が扱っていたアメリカのストリートブランドからすると、このエリアのショップで扱われることが大きなステータスでした。

ここで火がつけば一気に有名ブランドの仲間入りも夢ではない！

ディジタルを売り込んでいた当時、ある方の伝手《つて》で、裏原宿の人気セレクトショップのバイヤーを紹介してもらい、電話ミーティングをさせてもらう機会をもつことができました。

高松と原宿ではあまりにも離れているし、私にはお金もない。だからといってはじめての商品を売り込もうとしているのに、電話で済ませようとした私の発想はあまりにも未熟でした。

営業経験もなく、セールストークもままならない状態。私の説明にお店側が苛立っているのが声の感じでわかりました。

伝えたかったのは、通常の取引スタイル（こんなブランドです、今アメリカではきてますよ！　オーダーつけていただけませんか？）での商売でした。要領を得ないこともあって電話を切られそうだと感じた私は、とっさに、

「スペースを少しだけ貸してください！」

少し沈黙があった後に相手の声の調子が少し変わり、

「委託販売でいいってこと？」

と聞かれました。

「委託販売」のいの字も知らない不勉強の未熟者でしたが、勢いに任せて、

「委託販売です。スペース貸してください」

と叫んでいました。

「それなら少しスペース割けると思うよ。とりあえず全商品2～3点ずつ送ってよ」

何にせよ、扱ってくれる話になったことで、どういう販売方法なのかも知らないまますっかり有頂天になっていました。

紹介者の方に聞いて委託販売の仕組みはわかりましたが、無名のブランドを人気ショップに置かせてもらえるなら恩の字です。

ショップ側からしても、新しいブランドを「青田買い」として、おためし販売できる上に買取のリスクもなし。うまくいけば新しい売れ筋の発見にもなり得るわけです。「ほかのショップにも提案したらビジネスを拡大できるかも」と夢に浸ったのでした。

このエピソードを「工夫」というと少しニュアンスが違うかもしれませんが、従来の受注方法に固執していた（それしか頭になかった）ところを、電話での商談をきっかけに方向転換したのが奏功した、という点で、機転・工夫ということができるかも知れません。

結局詰めが甘く、その後はうまくいかずに、長く続けることはできませんでした。工夫はできましたが、それでは、なぜ失敗したのでしょう。

委託販売でのアプローチはショップのリスクが最小限なので、取り扱ってもらいやすい。しかし新たなブランドとして紹介していくかぎりはひと通りのラインナップが必要で、売れた分を補充していく必要があります。

つまり取扱先が増えれば増えるほど、売れるかどうかわからない在庫のリスクを背負うことになる、この視点が抜け落ちていました。委託販売で扱ってもらえることに味を占めて、取扱店が増えるごとに在庫を抱え、回らなくなって、その後の大借金時代の引き金にもなりました。

Ｔシャツプリント事業の初期の工夫

現事業の創業年と位置付けている２００４年は、オーダープリント事業のＥＣ元年です。このＥＣサイトをはじめたことが私の大きな転機になりました。

事業モデルとしてはネット広告がすべて。高松の一室からひとりではじめた事業を全国展開するには、これしかありません。使える広告費も少ない中で、無駄を減らし、いかに効率的に問い合わせをもらうか、が当時の工夫でした。

業務の外部委託は予算がないので無理。バナーのテイスト変えてみたり、導線を出シンプルにする。全部ひとりで試行錯誤。

その中で、もっとも成果が大きかった工夫が「デザイン」でした。

初期は問い合わせのハードルを下げることに専念し（問い合わせフォームの入力項目も最小限にする）、問い合わせの母数を増やしました。

これだと「見込みの薄い」お客も多く流入し、成約率や生産性は下がります。

これがジレンマであり、「課題」でした。

ネット以前に高校へ外商活動をしていたときのことを思い出しました。

「そういえばあのとき、オーダーをもらえたのは、ビジュアル化したデザインを見せたことがきっかけだった」

メールでのやりとりの中でビジュアルを見せたことで、お客の反応が変わりました。デザインへのダメ出しや否定的なリアクションでも構いません。意見をもらうことで、結果、次の接点（コミュニケーション）につながるのですから。

最初の問い合わせがあったときから、ひと手間かけて何らかのビジュアルやワンポイントアドバイスを見積もりにつけるようにしました。1件に対する対応時間は増えましたが、効率的な事業の拡大という「目的」にはぴったりでした。

「課題解決策」と「お客様満足度」

この2つが一致するとビジネスに爆発力が生まれます。

「デザイン作成は別途料金いただきます」

「作成は無料ですが、見積もりを了承いただいてから」

などと杓子定規な対応をしていたら、絶対に今のビジネスを軌道に乗せることはできなかったと思います。

やらなければ今はない。先にも触れましたが、やらなかったことへの後悔が私にはありません。

差別化が困難な仕事や商売だから、想像力を働かせて1歩先を見て提案する。

その提案が、「やりたいこと」と「課題解決策」でもある。

結果が出やすいビジネスの条件です。

ルーティンは自動化がセオリー
——習慣化できれば一気に楽になる

お恥ずかしながら、私は子どもの頃から本を読むという習慣がありませんでした。本を読むより外で走り回っているほうが好きだったし、両親も読書家ではありませんでした。

ところが今は、毎日何かしらの本を読んでいます。読書好きになったのではありません。実は、今でも「読書嫌い」です。でも昔のように「大嫌い」ではなくなったのです。

本格的に読書を生活に取り入れたのは5年くらい前から。それからはあらゆるジャンルのビジネス書を読み漁《あさ》り、知識量が増えてきました。

「嫌い」なのに続いているなんておかしい、とここまでお読みになった方なら思いますよね。

私の「本を読む」という行為は、現在決まった時間にルーティンとして組み込まれています。時間帯は出勤前の朝5時～7時の間、30分～1時間程度です。

当初は、就寝前にベッドの中で読んでいたのですが、すぐ眠くなるので苦痛でした。朝、自分を叩き起こして読んでいたときもありますが、地獄の修行のようでした。そこで生活スタイルそのものを変えてみたのです。

現在は、23時に就寝、4時半～5時に起床。少しコーヒーを飲んだりしながらしっかりと目を覚まして、読書のルーティンタイムに入ります。

深夜1時ころに就寝、起床は朝7時。これを2時間スライドしたことにより、劇的な変化が生まれました。

寝る前の2時間と朝の2時間は、頭の冴えが違います。

夜は飲んでいることも多くシャープな頭脳とはいえません。

週末や休日前も生活リズムは変えません。家族が起きる時間にはひと仕事終わっていますから、家族と過ごすにせよ、趣味にせよ、後ろめたい感覚ゼロでオフタイムを過ごすことができます。

こうして大嫌いだった読書を、完全なルーティンにすることに成功しました。

ルーティン化といっても、簡単にはできないことが多いと思います。

何のためにやろうとしているのか。その行為をする目的、つまり習慣化することで得られるであろう、

「その先にある状態」

が目的にないと、人はなかなか重い腰をあげることができません。

そうでないと苦行でしかなくなります。

「とりあえず3週間」続ければ習慣化すると、ものの本にも書いてありますが、3週間も、目的のない行動を続けるなんて、私はできません。


読書習慣でいうと、本格的に重い腰をあげて習慣化をはじめるその前から、「自分には読書が必要」だと感じていました。発想と熱量、感覚だけで事業を進めてきましたが、事業を拡大して仕事を充実させていくためには、もっともっと勉強が必要だと思うようになりました。これが私の「その先にある状態」ですね。

それでもはじめられずに、いつも目の前の仕事や趣味をやっている、という時間が数年間ありました。「目的」に対して気持ちがそこまで強くなかったということかもしれません。

しかも、いつも頭の中には「読書をはじめなければ」という思いの塊が居座っているので、セルフイメージがじわじわと悪くなってきます。

こんな具合です。

「俺はいつまでもはじめられない人」

「自分の中の約束を守れない人」

気づくまでに時間を要しましたが、同時に目的に対する気持ちを強くする貴重な時間でもありました。

たかが読書、されど読書です。

実現したいと思う「先の状態」に対して、本当に強い思いを持つこと。逆にいえば、それがないのなら習慣にしてまで続ける意味がないので、好きなことや苦にならないことを続けながら何か見つけていけばいいでしょう。

その上で、本当の目的が見つかったたなら、ルーティンで自動化してしまう、ということをぜひためしてください。

最初の行動を「小分け」にすると「苦」から解放される——しんどいことをしんどいと自分に思わせない方法

それをやる理由（目的）、それをやればどんな「先の状態」になるのか。

これを自覚できないと、どこまでいっても本気になれず他人ごとだというお話をしてきました。

ここでは、

何をやるにしても苦しいと感じる人のための、

「何かをはじめるための世界で一番簡単な方法」

について説明したいと思います。まずは以下の5つのポイントから。

①大切な時間を使って行動するには、目的をはっきりイメージする
②イメージした目的が果たされた状態を「大目標」にする
③大目標が決まったら、数値などで具体的に表現する
④そこから逆算で、小分けにした「小目標」を設定
⑤「小目標」が決まったら、それをさらに小分けにする

最初の行動をはじめるときのハードルを、難なくできるレベルまで下げること。

これが「何かをはじめる」ための最大のポイントです。
ここでは、ビジネスパーソンが、仕事で、新規事業のプロジェクトを任されたとして、

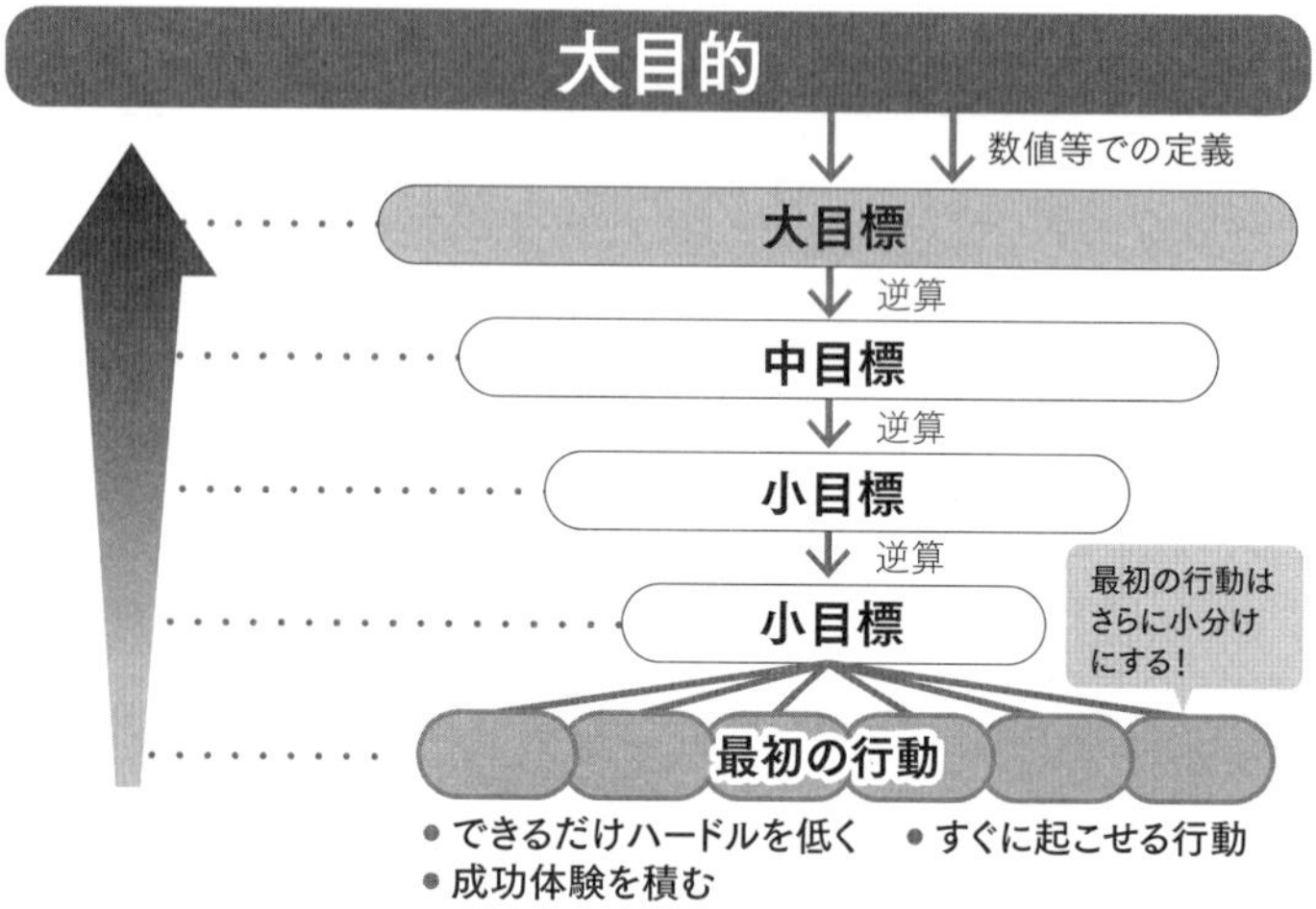

5つのポイントに従って、実行計画を立ててみましょう。

①新規事業を立ち上げる**目的**（これはもちろん会社の方針あってのことだと思いますので、認識のすり合わせは必要）は、おそらく第一義的には「新しい事業分野を確立し、新たな収益の柱を作る」ことでしょう。さらにそれが、現在の主たる事業と相乗効果を生むものであれば、なおいいと思います。

②次に**大目標**です。これがいわゆる「売り上げ目標」。「新たな収益の【柱】」となるためには、何年後にどれくらいの売上があればそういえるのか、その定義の設

定です。

③大目標が決まったら、具体的な数値で目標を設定します。ここでは仮に初年度５０００万、という売上目標を設定します。

④**大目標を小分けに**します。月次の目標数字に落とし込みましょう。

⑤月次の目標ができたら、**さらに小分けし**ます。このときの目標数字の小分け設定（小目標設定）としては、単純に月割り、日割りなどにしてしまわず、時間の経過とともに少しずつ高くなるような目標設定にするのが重要ポイントです。

最初は、

簡単に越えられる低いハードル

でＯＫ。実績的にも自分のモチベーション的にも「わらしべ式」に成功体験を積み重ねていきたいので、数値目標もそのような設定にしたほうが効果的に機能します。

具体的な実行計画を考えてみましょう。

あらゆる視点からさまざまな方法を考えますが、その方法は、任されたあなたが自由に選べることが理想です（私なら、新規事業立ち上げを任される条件として「私のやりたい方法でやらせてもらって構わないですか？　もちろん協議と承認の上で」という条件を提示するかもしれません（「やらされ感」を排除し、自分ごととして楽しくすすめるためです）。

具体的な最初の行動として、「ルート客を訪問して、新商品（サービス）を案内」と決めたとします（私ならおそらくこの方法を選択します。なぜなら電話やドアノックの新規営業は得意ではありませんが、既存顧客やその他の紹介からの見込み客に対して、より深い関係性を構築するのは得意だと自覚しているからです）。

初期の目標を達成するために、デイリーで何件ルート営業をするのか、そこから何件、新商品にマッチしそうな新規見込み客を紹介してもらえるのか。これらの指標を逆算します。

まずは、1〜3ヵ月目までの目標のハードルを下げ、売上目標は持たずに、次のように設定したとします。

▼1ヵ月目　⇩　訪問件数20件
▼2ヵ月目　⇩　訪問件数30件
▼3ヵ月目　⇩　訪問件数50件

設定したら、この数を確実にこなしていきます。

ハードルを下げて初動を起こしやすく、しかも習慣づけられるように自分で設定した約束。ポジティブなセルフイメージを作るためにも必ず守りましょう。

この間も、最初からアンテナは張っておき、やり方を工夫していきましょう。セールストーク、資料の作り方、提案の方向性など。数値目標は持っていないので、どうやれば成約しそうか、ということだけに集中します。

これでも幾らかの数字はついてくるので、次の4ヵ月目からは、少しずつ精度を上げてきたやり方で、どれだけの数字を出せそうか、頑張れば何とか達成できるような**ストレッチ目標**（能力よりも少し高い目標）を設定します。

新規事業立ち上げプロジェクトを例に出してみましたが、私が担当者ならこのように実行計画を作っていくと思います。

行動を起こすことが何よりも一番大切なのですが、それが一番の難関でもあります。ハードルをできるだけ下げ、想像力を働かせて準備をしたら、とにかく動き出す。

「行動している」という事実と、その中でブラッシュアップを続けるプロセスから、成功体験を積んでいけるように計画を立てる、これがポイント。

実戦で工夫を重ねながら、その都度、小さな成功体験に対して自分で自分をほめ、承認する。このルーティンを一定期間続けていくと、自分自身が持つセルフイメージもより一層ポジティブなものに変化しているはずです。

自分や周囲に対する約束を守り、目標に向けて着実に進めることができる人間

というセルフイメージを持てることほど、その後のさらに大きな目標達成の原動力となるものはありません。

また、腰が重くてなかなか行動に移せない、というのもありがちですが、一度はじめてしまったものは「やめてしまうともったいない」という感情が働きやすくなります。

ビジネスのマーケティング施策でポイント制を導入することがありますが、これもゼロスタートより、はじめから何ポイントが付与してあげる、そうすることで最終目標（たとえば○○円オフ！　など）に近づくレールに乗せてあげる、という手法が効果的だといわれています（最近流行のキャッシュレスサービスが、まさにこのやり方ですね）。

最終ゴール（目的）とそれを実現する要件（大目標）、そのプロセス（小目標）がはっきりしていて、「現在地」をいつもわかるような状態にしておく。

これが行動をスムーズに、しんどいと思わせずに継続させる方法です。その現在地を今からのゼロスタートよりも、すでにはじめていたことにしてあげて、少し進んだ状態にする、という方法も効果的かもしれません。

何より行動を「小分け」にして、小さな成功体験をたくさん積んでいくことで、「進んでいる感」を味わうことができ、「自分はできる人間だ」というポジティブなセルフイメージが作られていくと、不思議なものでどんどん楽しくなってきます。

「苦」のプロセスを、楽しんで自分の成長を感じる「喜び」のプロセスに変える方法

といってもいいかもしれませんね。

成功は集中力と想像力の量に比例する

──「気づいたら結構遠くまで来ていた」という現状認識が成功者の共通点

成功している経営者やビジネスパーソン、この人はすごいな！　と思うような人からは、過去に縛られている印象を受けません。

道筋は変わるし、失敗は誰でも当たり前と思っているからですが、成功も失敗も、過去の経験はすべて今の自分の糧。それを活かしながら常に新しい想像力を持ってエネルギッシュに行動しているように見えます。

彼らは、継続的に「今」のことに全力集中しているので、改まって自分の歩いてきた道のりを思い返すことがあまりないのかもしれません。

だからでしょうか。ひとりでゆっくりしている時間や、旧友や久しぶりの身内に会ったときなどに、「気づいたら自分も結構遠くまで来たなあ」と感じるのは。

今やっていることを楽しんでやっていなければ、注意散漫になり、集中（没頭）することはできません。

誰もが、時間を忘れて何かに没頭した経験があるしょう。

ゲームでもスポーツでも絵を描くことでも何でも構いません。

「なぜそんなに集中（没頭）していたのか」

と考えてみてください。

集中力を保てる条件は2つ。

①目的がはっきりしている
②自分の成長が感じられる

この2つは関連していますが、まず大目的（ゴール）がはっきりと設定されていてはじめて小目的を小分けにすることができ、小目的を達成しながらゴールに近づいていく中で、成長や成功体験を感じることができます。

ロールプレイングゲームなどが、その最たる例でしょう。

私は小学生の時にドハマりして、朝から晩まで寝食忘れて没頭していました。なぜそんなに没頭できたのでしょうか。

ロールプレイングゲームは、非常にうまく作られていて、まず「大目的」（世界を救うなど）が、はっきりと最初の段階で示されます。もちろんそこまでの道のりは遠いですが、小分けにされた「小目標」が明確に与えられていて、継続的に次の目標に向かって何をやるべきかが示されます。さらに、その小目標を達成するためには強くなる必要があるわけですが、「経験値」や「お金」などを貯めればレベルが上がったり、強い武器を買えて、今まで倒せなかった敵が倒せ、またさらに強くなれます。そしてさらに（ここが一番大事なポイントかもしれませんが）、**次のレベルになるまでにあとどれくらいかかるのか、常にキャラクターの状態（現在位置）を確認できるのです。これらが数値で表されているので、一目瞭然にキャラクターの成長を感じることができます。**

実生活の中ですべてを数値化して体感するのは不可能ですが、このロールプレイングの要素をうまく取り入れることができれば、仕事でも勉強でもやりがいが変わってきます。自分の中で見つけて設定していくのは難しい（面倒くさい）と感じるかもしれませんが、だからこそ、「楽しい」「やりたい」という気持ちを基準にはじめていけばいいのです。

２章で「楽しい想像・妄想をしてみてください」とお伝えしました。

想像　⇩　集中　⇩　想像　⇩　集中……を繰り返すイメージです。

やりたいこと、目的を、いろいろ想像してみる
小分けにした小目標を立て、集中してみる

何か違うなと思ったら、途中で道筋や方法はいくら変えても構わない。そこにもまた想像が必要です。

物ごとがうまく進みはじめたら、集中力も持続力も高まりますし、想像も大きく膨らんでいきます。

私自身もこの繰り返しでした。尊敬する経営の世界の諸先輩の話を聞いて分析してみても同じです。

集中力と想像力を持続させ、強化していくサイクルを作る力。

これさえ身につけることができたら、成功はぐっと近づいてくる。私はそう信じています。

第4章

本気と勇気は、本当の自己満足からしか生まれない

自己肯定感は満足なしでは生まれない

――ささやかな自己満足がとても大切な理由

今でこそ自己満足にとどまらず、他者からもある程度満足いただけるようなビジネスができるようになりましたが、創業して、２００４年にＥＣ通販をはじめるまでは、単なる自己満足しかありませんでした。「ジコチュー」です。

しかし、折々の「ジコチュー」がなければ、今の私は存在さえしていないと自信を持っていうことができます。こんなことで自信を持ってというのも妙な話と思われるかもしれませんね。

この章では、成長の糧としての「自己満足」について、私自身の経験をもとに、深掘りしてみたいと思います。

私の自己満足の数々を、ここで振り返ります。

▼日本で大学をやめてアメリカに行ったこと
▼アメリカの大学もやめてショップをオープンしたこと
▼独学のデザインスキルを使って、PB（プライベートブランド）を作ってみたこと

これ、すべて私がたったひとりで盛り上がっていた状態です。

完成した商品に対しては、

「こんなカッコいいデザインTシャツ作ったよ。ハイ買って」

「勘違い」の域でした。

いくつもデザイン候補があった中で、「これはカッコいい、売れる」と本気で思ったものを生産していたので、自己満足にして勘違いではあったとしても、売れると思っていたことに嘘はありません。


「思い込み」「妄想」ですね。

あるときまではただの自己満足ですが、これまでも話してきたとおり、それが大切なのです。

自己満足もなく、ただ苦しい状況では、楽しみも、未来への期待ももつことは不可能です。

ビッグビジネスをしている有名な経営者でも、最初はその人の頭の中だけで想像・妄想したことからすべてがはじまります。

あらゆるビジネスは淘汰の波にさらされます。淘汰を越えて残るビジネス、淘汰の先に生み出されるビジネスのアイデア。

いずれもひとりの妄想、想像力、自己満足からしかはじまりません。

そこにはいくつもの選択肢が現れます。一度にいくつも選ぶことはできません。どれかひとつしか基本的には選べない。

失敗が続くことが普通です。そのたびに新しい選択をしなければなりません。その中で失敗と小さな成功が繰り返されるようになる。

そして、本当にうまく動き出したビジネスを、停滞期に軌道修正をはかり、必要に応じて仲間を増やしていく。これが少しずつ、大きなチームになっていくプロセスです。

たったひとりの妄想から生まれた小さなビジネスは、最初に妄想したあなたの本気が本気を呼び、周囲を巻き込みながら、同じ目標、夢の共有を経て、大きなビジネスへと

成長していきます。

時間はある程度かかりますが、逆に時間をかければ、このプロセスこそが王道です。

チームがきちんと動き出すと、ひとりの自己満足にしか過ぎなかった小さな思いが、やがて「チームのひとりひとりの満足」に変化しはじめ、スタッフ全員の承認欲求・貢献欲求も満たしていく。こうなると、みなにたしかな「自己肯定感」が生まれている状態が現出します。

「自分はこういうことができる」
「こういう長所がある」

とともに仕事をしていく中でセルフイメージができて、そのイメージがさらに自分の行動を強化する、というサイクルが生まれたら、あとはこれを繰り返すだけ。

会社員として仕事をする場合も同じ考え方です。

その場合は創業者や社長などが最初の「妄想者」であり、「ビジョン」の提案者です。そのビジョンに賛同して「巻き込まれる」側からスタートするのが会社員という生き方です。大縄跳びに飛び込むイメージですね。

会社の方向性を理解し、さらに賛同した上で、まずは「自己満足」するために何をやるのか、想像力を発揮して行動してみるのです（もちろん上司などへの了解は必要でしょう）。

行動に移したら集中して、意見も謙虚に聞きながら軌道修正していけば、いつか今度は自分が巻き込む側になり、組織に貢献できれば上司から認められる。そうなれば「自己肯定感」が育っていく。

「自己肯定感」というと、少しハードルの高い言葉に思えますが、その材料は「自己満足」「思い込み」「妄想」の寄せ集めです。

そのたくさんある材料を、想像と集中で磨き続けて得た成長から生まれる、自然な産物が、ほんとうの自己肯定感です。

「比較条件」に科学的な価値はゼロ
――若いから、年取ってるからなんて議論に何の意味もない

いわゆる「比較条件」は無意味です。

「若いから」とか「年をとってるから」の決めつけ議論は時間の無駄でしかありません。

20代は、経験が浅い、わからないことも多い。

これは単なる事実です。

逆に20代は、わからないことが多いからこそ、「想像力」を自由に働かせることができる。これは前例や常識にとらわれない価値的な認識です。

私は23歳のときに起業しました。

「お前が考えることなんか、全部わかってるよ」

と決めつけられて、

「どうせうまくいくはずがない」

と大人たちからいわれることがデフォルトの時代でした。そういわれるたびに、私はこんなふうに思っていました。

「新しいことをやろうともしない人たちにとやかくいわれる筋合いはない」

私は「(学歴や出自など)比較条件上のエリート」ではありません。でもだからこそ、雑草魂で満足していない状況でも思考停止に陥らずに、想像力を持ち続けることができたのだと思います。

すぐに比べたがる人がいます(とくに年配のベテランに多いでしょうか)。
でも比べて面白いことなんて、ほとんどありません。

- 同業と比べてうちは給料が安い、待遇が悪い
- クライアントも向こうが圧倒的に上

この逆もしかり。

ネガポジが逆転するだけで、比較して新しい何かが生まれることなどありません。

「自己満足」のある仕事を積み重ねていくほうが断然楽しいし、楽しいからリラックスして仕事ができます。もしかしたら自己満足がオリジナルな進化を遂げて、まわりに価値を生んでいくことだってあるかもしれません。私自身がそうでした。

経営をしていると、細かい業務の部分でさまざまな比較条件に遭遇します。売上や経費の「昨年対比」、サイト運用における競合との比較、業界内における総体的なポジションなどです。これらはロジカルに比較検討します。なぜなら実績や理論で裏付けた選択でなければ、自分も社員も納得させることができないからです。

こういう事例（過去の事実や相手の行動）以外は、これから「自分で選択できること」に対して、

集中

⇩

想像
⇦
行動
⇦
軌道修正

この一連のサイクルを繰り返す。これが人と企業を成長させていくためのプロセスです（組織でよくいわれる、ＰＤＣＡサイクルの個人版）。

「どうにもならないこと」はきちんと忘れる
――意味のない悩みは際限のないストレスを生む

「お金がない」
「商売がうまくいかない」

とりとめもない漠然とした思いが心の中の大部分を占めていた時代、私はちく膿症（慢性副鼻腔炎）になりました。事業で借金まみれとなり、それでも夜な夜な飲みに出歩く、そんな生活をしていた高松時代のことです。

流行を仕掛けて作っていく側ならまだしも、経済力も人脈もない、流行を乗り継いでいくしかないショップ経営者だった私は、ブームにすがることしかできない、不安だらけの日々を送っていました。

集客力・販売力のあるセレクトショップなら、流行りに乗って足元の利益を確保しながら、新しいブランドを育てていくこともできたでしょう。しかし私には雲の上の別世界でした。卑屈なマイナス感情にさいなまれながら、一方で大きな野心もあり、「カッコよく成功してやる！」と思いながらも、このときはまだ、未熟で微妙な熱量しか持っていなかったのです。

どんどん思考が楽な出口を求めてエスカレートしていきました。

「これって悩んでどうにかなるのか」

「俺は自分でどうにもならないことに、人生を左右されている」

そう思ったときに、

「これ（流行り）に頼るのはやめよう」

と決めて、他の選択肢をためす行動に打って出ました。

そのあとで、ＴシャツのＰＢを作るというアクションにつながって大きな転機になっていくわけですが、これはあくまで結果論です。

いつでも、

「これは、自分にどうにかできることなのか？」

と問い続け、気持ちを楽にできたからこそ転機を転機としてとらえることができたのでしょう。


「悩むな」

といっているわけではありません。むしろ悩んだほうがいいでしょう。

悩めば悩むほど、不要な選択肢を視界から消していくことができるからです。

とことん悩んで、「もう、これ以上は無理」になったら、あとはひとやすみ。楽な方向を模索してください。たとえそれが「現状キープ」の結論だったとしても、考える前とは現状に対する取り組み方が格段に変わります。それがセオリーです。しかも**自動的にそうなる**のです。

「しんどい思いをしなければダメ」という根性論は完全な時代遅れの思考です。

ただし、やりたくないこと（や方法）をやらされながら、考えもせずに楽な方向へ逃げろ、というのも少し違います。

楽だと思える方向は、イコール自分にとってシンプルで楽しいものです。

それが状況をよくしようと考えた末の選択であれば、大きな成長・進化の可能性を持つことになる。

もしかしたらそれは、人から見ると信じられないくらい面倒くさくてしんどいことかもしれませんが、そんなことはどうでもいい。なぜなら自分には楽しいという「自己満足」があるのですから。

鉄則！　選択肢はひとつになるまで絞り込め
——集中力には限界がある

思い切り妄想して、悩んで考えた挙句、最後に起こす行動について、お伝えします。

最後に起こす行動の選択肢は、ぜひひとつに絞ってください。

なぜひとつに絞る必要があるのか。

そのひとつめの理由は、**ひとつに集中することで早い段階での「成功体験」が生まれやすくなる**ということが挙げられます。

1が2になり、2が4になる。初期の段階はトントン拍子に物ごとが進みやすいので、成功体験の雪だるまを育てやすいということもいえるでしょう。

２つ目の理由。**複数のことを同時にやろうとしても、集中力が保てません。**

同時ということは、ひとつに集中するより「広く浅く」なるわけですから、「成功体験」と思えるところまで行き着くのに時間がかかります。

時間がかかると、人は誰でも面白くなくなってきてモチベーションが下がり、集中力が落ちてきます。その結果、成功体験からどんどん遠ざかってしまいます。

ひとつに絞っておけば同じ時間をかけていても、もっと進んでいたかもしれないところを、複数同時にやることでどれも中途半端になってやる気もなくなってしまう、ということになりかねません。

３つ目に、**軌道修正が早い**、ということが挙げられます。

安心してください。何から何まで全部うまくいくなどという奇跡は、まず起こりませんので（苦笑）。

どんなビジネスでも、失敗して壁にぶち当たる。これもセオリーです。そうした失敗経験から、次の段階で軌道修正をして成功確率を高めていくのですが、**複数を同時にこなしていこうとすると、失敗体験（成功の種）を見つけるのが遅くなります。何がいい**

のか、うまくいっているのかいないのか、という判断に時間がかかります。

ビジネスだと、気付いたときには機を逸してしまっていて、せっかくのチャンスなのに動きが遅いために自らチャンスの芽をつぶしてしまう、ということにもなりかねません。

ここで、選択肢をひとつに絞る方法を再確認しておきましょう。

消去法が使えます。

①想像を膨らませて可能な限り選択肢を広げる

②考えつく選択肢を全部アウトプットしたら、今度は少し時間をかけながら消去法で絞り込んでいく

今の環境、自分の状態、これまでの経緯を加味した上での選択肢がリストに並んでいると思います。

そうであればどれも可能性ゼロではないのですが、ハードルの高低はある状態。

それぞれの選択肢に対してパーセントで数値化してみるのもひとつのアイデアです。

これは完全に主観でOK。ひとつの数値を設定すればそれが基準になってほかが決まっていきます。正しいとか間違いとかは関係ありません。ひとりで決めていい部分です。選択肢を見直しながら、可能性を相対的に考えていくプロセスで、いくつかの選択肢が密接に関係していることに気づく場合があります。

私の経験から事例を挙げてみます。

A、「自分のデザインスキルを活かす」と「飲食店の知り合いから営業をかける」という行動の選択肢があったとします。

この2つの「目的」は「事業を軌道に乗せる」ということで同じ意味です。それを達成する手段として2つの選択肢がありました。

この場合は2つ同時にやれることなのでまとめてしまいましょう。

↓

「自分のデザインスキルを武器として、飲食店に営業をかける」

これで、選択肢が減り、可能性の数値も少し上がります。

B、「ECサイトを作る」という選択肢と、「ハガキDMを送る」という選択肢があったとします。

この場合、ECサイトを作るという行動は、当時私の経済的状況からいうとハガキDMをしてしまったら、HP作成ソフトが買えませんので、考える順番の問題になってきます。「ハガキDMを送る」のか「HP作成ソフトを買う」のかの選択肢からまず考えなければいけません。

しかし、「ECサイトを作る」という選択肢も自分の中にある以上、いつでもやろうと思えば可能なハガキDMが（無意識的に）なくなりました。

このように、「まとめる ⇩ 削除する ⇩ 追加する」を繰り返して、最後に2つか3つ残る状態まで絞ったら、一度リセットするために、時間をおいて寝かせてください。

寝かせる時間は**1週間以内**がいいと思います。冷静に選択肢を見て再考するための時間を確保できます。これ以上になると熱量が落ちたり、考えたプロセスを忘れて、頭を戻すのにムダな時間がかかる可能性もあります。

次に残った選択肢を眺めたときに、そこまで絞った経緯、なぜそうなったのかを思い出すので、それが本当にやりたいことなのか、自分の大目的につながるのかを考えてみましょう。

「やりたい（楽しそう）」
「目的につながる」
「すぐにはじめられる」

この条件に合っていて、一番自分の中で数値的に可能性が高いものを、すぐに行動に移してみましょう。

この条件に合っていなければ、選択肢をもっと分解して全体にハードルを下げても構いません。腰が重い、やる気が出ない、続かないなど、できない理由が思いつくようだと、もっと小さく分解したほうがいいかもしれません。

できない理由（いい訳になる要素）を徹底的に排除することがポイントです。

このプロセスでひとつに絞られた行動の選択肢は、ほぼ間違いなく「できる」という選択肢です。

達成度の大きい小さい、の問題ではありません。自分基準で物ごとが「進んだ感」を感じられるかどうか。それが「成功体験」です。

私が悩んだときにやる方法なのですが、ここまでくれば、思考が何周も回って、シンプルになります。気持ちも楽で吹っ切れる状況になっていることに気づくでしょう。

そうなったら、1点の選択肢に集中です。

想像
←
集中
←
軌道修正

これを繰り返しして成功体験を積んでいけば、「あれ、結構きたな」と感じる時がくると思います。

疲れたらとにかく休む
――「寝ないで仕事」は愚にもつかない時代遅れ

現在の私のメインの仕事は、社内外含めさまざまな目的で人に会うことです。人と会って打合せをしている最中は、その内容に意識が集中しているのであまり感じることはないのですが、アポイントの合間や移動中に「疲れた」と感じることはありります。

疲れたなと感じたら、できるだけすぐに休む（睡眠をとる）ようにしています。移動中で電車や飛行機に乗っているとき、またデスクでもアポイントとアポイントの合間の時間、15～30分前後仮眠をとります（30分以上寝てしまうと、私の場合、逆にもっと眠くなり、その後エンジンがかかるまでに余計な時間がかかってしまいます）。

疲れたと感じたときに、自分なりに一番パフォーマンスがよい状態をキープできる方法がこれです。実際に15分の仮眠後は頭がスッキリします。

大切なのは自分にあった睡眠スタイル（仮眠も含めて）ですが、自分が一番「調子いいな」と感じる眠り方を見つけるのは、生産性を考える上でも有益だと思います。

就寝する時間帯、起きる時間帯もルーティン化すると調子の波がなくなります。

仕事や会食などで遅くなるときもあるので、杓子定規にはいきません。そんなときこそ、短時間の仮眠でパフォーマンスを保つように調整しています。

私のメンターであり、弊社プラスワンインターナショナルの社外取締役をしてもらっている池本克之《いけもとかつゆき》さんは、社長として2社を上場に導いた経歴を持つ「プロ経営者」です。現在も株式会社パジャ・ポス代表として、自身の経験を活かした経営コンサルティング、セミナー等を精力的に行い、多くの経営者の道先案内人（シェルパ）となって、クライアントの業績改善に取り組んでいます（彼のコンサルティングでの業績改善率は、96・3％。実は私も池本氏のグループコンサルティングのメンバーで、5年間で会社の業績は150％に伸びました）。

池本氏の著書『年収の伸びしろは、休日の過ごし方で決まる』の中で、フィジカル・マネジメントの大切さが解説されています。

質の高い睡眠は「究極のオフ」。しっかり休むこと、質のいい休息を確保することは、充実したオンタイムに直結する、といっています。

池本氏は仕事柄、出張で全国を飛び回ることが多いのですが、睡眠の質を確保するためにオーダー枕を常に持ち歩いているといいます。ホテルもリラックスして休息できる部屋にこだわり、クライアントのコンサルティングに最高のパフォーマンスで望むべく準備しているそうです。

以下に一部、引用します。

「忙しくて寝てないんだよ（頑張っているだろ、オレ）」

「昨夜も徹夜でさあ（すごいだろ、オレ）」

という、〝寝不足自慢〟は二流のすること。

できる人ほど、実はよく眠っているのです。

（『年収の伸びしろは、休日の過ごし方で決まる』）

一流は、寝ないで仕事、深夜まで酒といった、翌日のパフォーマンスに影響するようなライフスタイルを好みません。

寝ないで仕事など二流以下。

ぜひ参考にしてください。

なぜ、睡眠が少ない人はやる気が出ないのか
——科学的にも証明されているイライラの根源

私はどん底時代、毎晩飲み歩いていました。午前様はあたりまえ、睡眠不足がデフォルト状態です。ショップには出勤しますが、午前中は「一応いる」だけ。酒が抜けて普通の状態に戻るのを待っている状態でした。十分な休息が取れていないので、体の調子もいまいちでイライラもします。

飲酒が直接的に体調不良の原因となるのは皆さんもご存知の通りだと思いますので、ここではあまり話を拡げませんが、飲酒をしなくても睡眠時間が少ない人は、パフォーマンスが落ちるようです。

睡眠不足は、脳内物質（神経伝達物質）の「セロトニン、ドーパミン、ノルアドレナリン」のバランスが崩れやすく、イライラを引き起こし、やる気がなくなる原因になるといわれています。睡眠不足が続くと、うつ病や自律神経失調症など深刻な病気を引き起こす可能性も高くなります。

これらの脳内物質は、「喜ぶ」「不安になる」など心の状態に大きな影響を与え、それが身体にも影響して、慢性的な倦怠感《けんたい》につながります。

２章で「やる気はどうやったら出るのか」について触れましたが、そのポイントは「好きなこと」「楽しいこと」を見つけてやりはじめてみることだとお伝えしました。

好きなことや楽しいことをやるときは、ドーパミンが分泌されてやる気を高めます。一方、睡眠不足だと脳内物質のバランスを整えるセロトニンが減少し、やる気を出すドーパミンが正常に分泌されにくい状況が生まれます。

言い換えると、やる気も本気も出ないシチュエーションを、自ら作り出しているといえるでしょう。

「好きなこと」や「楽しいこと」をはじめるためのスタートラインとして、睡眠を改善することからはじめるのは、いい方法だと思います。

ある日突然、「やる気満々」にはなりませんが、きちんと睡眠が取れている状態がルーティン化されると、「最近調子がいいな」と感じるのが普通になってきます。

実際、私もそうなりました。

最悪な睡眠状況に比べて、今は睡眠の時間も質も確保できているので、朝からのやる気が全然違います。朝も早く、出社前にひと仕事終わっているので、日中も余裕をもって仕事ができ、グループのメンバーと議論するなど生産的なコミュニケーションにたっぷりと時間を取れるようになりました。

「うまくいかない」と感じたらすぐ運動
――三大ホルモンと上手に付き合う

仕事がまったくうまく行かない時代にあっても、ゴルフだけは借金してでも行っていました。

当時、「運動は脳内物質のバランスを整え、仕事にも好循環をもたらす」という知識があったわけではありません。ただ経験則で「運動すると気分が晴れる」ことは知っていました。

ゴルフ好きの言い訳という面も否定はしませんが、広いコースで朝の気持ちいい空気を吸いながら、ゆっくりと歩いてゴルフをする爽快感は何ものにもかえがたい時間でした。

今も趣味の範囲でゴルフはしていますが、適度な運動として私にはちょうどいいのだと思います。半日で18ホールを回ると、結構な距離を歩きます。終わって集中力をリリースしたときは、適度な疲れがあって充実感も残ります。

仕事で「うまくいかない」からゴルフをするわけではありませんが、仕事で悩みや問題があるときも、半日間リフレッシュするだけで、視野の広さや思考の着眼点が変わってくるのです。

遠方にゴルフに行ったあと、宿泊先のホテルでの仕事はいつもよりもはかどります。アイデアが浮かんできてはホテルのメモ用紙に書くという作業を繰り返します。

一方、運動という視点でいうと、普段、意識して「歩く」ようにしています。胸を張って大股で、腹に力を入れて一定のリズムで歩きます。

昔から姿勢がよくないといわれてきたので、常に姿勢を意識して歩いています（街中を歩くときは、ショーウィンドウで姿勢チェックをすることもあります）。

「脳内物質」ですが、それぞれ次のような役割があるといわれています。

ドーパミン

喜びややる気にかかわる脳内物質。多く分泌されるとやる気が高まる。
人間が行動を起こすときはドーパミンが分泌されているので、正常に（バランスよく）分泌されていると、行動を起こす動機付けに効果的。

ノルアドレナリン

動物が危険を感じたときに分泌されるので、意識を覚醒させ集中力を高める。
心拍数を高めて、緊張をもたらす。

セロトニン

脳内物質のバランスを整え、心を安定させる。
セロトニンが不足するとイライラしたり、不安を感じるといわれる。
睡眠と覚醒のリズムにもかかわっている。

ドーパミンやノルアドレナリンは、過剰に分泌されるとセロトニンの量が減ってしまいます（イライラしたり、やる気が出なくなる）。

セロトニンが「バランサー」の役割をして、脳内物質が最適に保たれていると、やる気が出て、楽しく好きなことを考えて行動し、緊張感を持って集中しやすくなります。

その重要なセロトニンですが、ウォーキングや軽いダンスなど、一定のリズムを刻む「リズム運動」によって分泌が促されるようです。加えて、日光を浴びることもセロトニンの分泌を増やすといわれていますので、朝から数十分早く家を出て歩いて出社したり、ゴルフをしたりすることで、セロトニン（脳内物質バランサー）は分泌されやすくなるというわけです。

運動すると「何となく調子がいい」という感覚を体感的に持っていましたが、科学的な裏付けもきちんとあります。積極的に取り入れてみることをおすすめします。

自己満足は、十分な休息と運動から生まれる——セロトニンがもたらす冷静と情熱のバランス

「自己満足」でいい、むしろそれがいい、という話を再三にわたってしてきましたが、睡眠や休息が足りていないと、「満足」どころか「不満」や「不安」が生まれる元になることもおわかりいただけたでしょうか。

ここで、さらにもう少し、セロトニンの役割について触れておきます。

セロトニンは、「精神の安定」と「心の安らぎ」に深くかかわっているとされます。セロトニンが適切に分泌されるためには、「快適な睡眠」と「軽い運動の習慣化」が大きな役割を果たします。

最高のパフォーマンスを発揮するためには、最高の睡眠と適度な運動が必要。そうすれば、ドーパミンやノルアドレナリンをうまくコントロールできるようになり、精神が安定します。

やる気に満ちて楽しいことを考えることでドーパミンが分泌され、小さな「成功体験」を積み重ねることで、さらにやる気が出て、またその「快」を追求するようになるので、より行動が強化されます。

ノルアドレナリンからの「覚醒せよ」という信号は、いい緊張感を生み、集中力を高め、いわゆる「火事場のバカ力」の元にもなります。

最強にして本物の「自己満足」を生み出すためには、まずは生活スタイルを振り返ってみて、このような土台作りからはじめるのがいいかもしれません。

類は友を呼ぶは本当だった①
――「自己満足が本物になると本気の仲間が集まってくる」法則

「類は友を呼ぶ」という言葉があります。

耳慣れたフレーズですが、本当によくできた表現だなとしみじみ思います。

子どものころや学生時代は、利益や損得が絡まないので、純粋に自分の感情やその時の好き嫌いでしか友達関係は生まれません。小さいころは仲のいいグループ数人で集まって、いつも遊んでいました。クラス全員が自分に「合う」ということはまずありませんでしたよね。

運動が好きな子は、放課後、同じ運動好きの仲間と集まって、野球やサッカーをします。またゲームが好きな子は同じゲーム好きな子と家に集まって、ずっとゲームをしています。

それぞれの「好き嫌い」に引き寄せられて仲間は集まり、時間を共有するようになります。子どものころはとくに好きなことしかしませんので、ゲームにしろ、運動にしろ、それぞれがそれぞれにうまくいった成功体験を共有して、「やったな、すごい！」と感じて賞賛してくれる子が「仲間」になっていきます。

「好き嫌い」とは「価値観」です。

価値観は、環境や経験、まわりからの見られ方、セルフイメージなどによって変化しますが、その根本にあるのは「好き嫌い」であり、もっといえば好き嫌いの基準です。

社会人になると、ほとんどの人が会社や役所など何らかの組織に入ります。そこには階層があり、評価制度がある。好きなことばかりをやるわけにはいきません。しかしそんな「大人の事情」だらけの環境の中でも（ずっとここまで書いてきた通り）、好きなこと、楽しい方法をいかに見つけるかで、「類は友を呼ぶ」を地でいくことができるようになるといったら、どう思いますか。

好きではない、どこかやらされ感がある、上辺だけで楽しくない、といった感情は自分が一番よくわかっています。その状態では、「本物」の「自己満足」は生まれようがありません。

「自己満足」は、言い換えると「思い込み」です。

「思い込み」はネガティブな意味で使われる場合が多い印象ですが、私は「思い込み」ほど、成長のドライバーになるものはないと思っています。

つまり、**「本物の思い込み」が「最強の武器になる」**のです。

誰もが知るような大経営者、リーダーも、みんな本気で思い込んでいるロマンチストです。

よく強烈なリーダーシップの経営者が率いる会社は、「○○（社長の名前）教」という表現をされます。

しかし、「これがやりたいんだ！」と思い込んだリーダーの世界観（将来のイメージ）に賛同している人たちが組織を作っているべきだし、リーダーはそれをいい続けて、「仲間」を増やす活動を継続していくミッションがあります。

世界観を発信し続けるために必要なのが、「本物の思い込み」なのです。

どうすれば、強烈かつ本物の「思い込み（自己満足）」を持てるようになるのでしょうか。これについて、実は私も最近までずっと悩んできました。

「俺はそもそも、いったい何者なのか？」

「自分にはどんな経緯があるのか？」

「どんな成功体験や失敗体験をしてきたのか？」

「そのときに何を感じて、どう変わってきたのか？」

「今の自分と周囲の状況は？」

「こういう自分が、これから何をしたいのか？」

こうしたことを深く考え続けていく中で、うっすらと着地点が見えてきました。

知識、スキル、マインド、出会い。

好きなことをやるために、学び、行動し、人に会い、議論し、本を読み、また人に会い、というあらゆる経験によって私の価値観は形成されてきました。

その土台の上で、目の前の状況を再解釈し、「やりたいこと」「楽しいと思えること」は何なのかを本気で考えたときに、「本物の思い込み」が生まれました。

私の思い込みは、「デザインで世の中に価値を提供すること」この1点です。

「デザイン」は、経験に裏打ちされた私のビジネスの原点です。

その原点を、今いる仲間で共有して、本物の思い込みを形にしていく。実現していく。

これがいま、私や仲間たちが迎えたフェーズなのでしょう。


「何をやるか」も大切ですが、「誰とやるか」がもっと大切です。

「類は友を呼ぶ」とは、「誰とやるか」を決めていくシステムであり、方程式でもあるのだと最近私は気づきました。

第5章

やがて生まれる本気のチームが目の前の風景を変えていく

「仲間がいないので鬼退治できません」なら桃太郎は存在しなかった

——「本気のひとりに仲間はついてくる」法則

日本人なら「桃太郎」は誰もが知っている童話です。

ここでいう「本気のひとり」とはもちろん「桃太郎」のことですが、彼こそ明確なビジョンの塊、ビジョンの鬼です。

鬼退治のために、とくに具体的な戦略戦術があったかどうかはさておいて、「村に悪さをする鬼を退治して、村人の生活をよくしたい」と、桃太郎はビジョンを描きます。

鬼退治に向かう道中で仲間が増えましたが、最初から仲間を増やそうとしていたわけではありません。

やりたいこと（鬼退治して村人の生活をよくする）を伝えた結果、それに賛同した味方が結果として増えたのです。犬、猿、雉《きじ》がもし仲間にならなかったとしても、桃太郎は鬼退治に行ったでしょう。

「ひとりでもやるけど、仲間がいればより戦いやすい」

結果的に、仲間と一緒に戦い、より効率的に鬼退治という目標を達成できました。

▼桃太郎は条件付きで鬼退治をはじめたわけではない

そもそも桃太郎は、誰かに「鬼退治をしてこい」といわれたわけではありません。自分がそうしなければ、と思いたって行動しはじめたのですから、

「〇〇してくれればやります」

「〇〇がないからそれはできません」

という条件など一切なしで行動を起こしています。


桃太郎は基本的に子ども向けの「いい話」なので、ここからは完全にタラレバの妄想ですが、少々お付き合いください。

おじいさんに「鬼退治をしてこい」といわれ、桃太郎が「仲間がいないからできません」というやりとりがあったと仮定しましょう。

そこで、おじいさんが犬や猿を仲間として見つけてきたとします。

提示した条件は一応満たしたので、桃太郎は鬼退治には向かうでしょう（ほかにも何か条件をつけるかもしれませんが……）。

ですが、そもそも他力本願で動き出しているので、万が一、仲間が思うように動いてくれないとか、結果、鬼退治に失敗した、となったらどうでしょうか？

ほぼ間違いなく、

「こんな使えない仲間を連れてきたおじいさんが悪い」

という発想が出てくるでしょう。

自分でやりたいと考えたことではなく、やらされていることなので条件を付け、さらに、うまくいかなかったときの「逃げ道」も作ってしまう。

「自分はもともとそんなことやりたくなかった（けど、仕方なくやらされただけ）」

「ほら、どうせできないと思ってた（オレのせいじゃないよ！）」

こうして「当事者」にならないことで、うまくいかない場合の逃げ道や責任転嫁の先を確保する。つまり、うまくいこうがいくまいが他人ごとなのです。

他人ごとバージョンの桃太郎にはポジティブなオーラは一切ないので、人を巻き込むことは不可能になるでしょうね。

「自己満足」や「思い込み」で本当に何かをやりたくてワクワクしている人は、**ポジティブなオーラ**を出しています。そこに人は魅力を感じ、巻き込まれていきます。

「よし、その話に乗った！」

「オレもやってみたい！」

そう思わせる雰囲気は、「本物の思い込み」を持ってワクワクしていて、ひとりでもなりふり構わず動く人からしか感じることはできないと思います。


これは経営者に限った話ではありません。会社でいうと各レイヤー（部門）のリーダーはもちろんのこと、新人メンバーでも十分その「発起人」となり、ワクワクして巻き込んでいく側になることができます。

また、仕事でなくともイベントの幹事やスポーツチームのキャプテン、またそのメンバーも同様です。


前章で、ある程度大きな目標に向かっていく段階では、「何をやるか」よりも「誰とやるか」が大切だとお伝えしました。

なぜか。大切な視点なので、再度ここで確認しておきましょう。

現実世界の仕事においては、(ビジョンなど大きな意味での)何をやるかは、まず発起人でもある最初のひとりが頭の中で考えることからはじまります。

そして、仕事が増え、信用を得るに従って目標は大きくなっていきます。大きな目標になればなるほどたくさんの仲間が必要になります。その大きな目標の実現のために仲間を増やしていく段階では、「誰」を仲間にするかが最も大切です。

▼誰を仲間にすればいいのか

仲間にしたい「誰」とはどういう人たちでしょうか。

私が考えるこの場合の「誰」とは、目指す場所、そして同じ世界観を共有してワクワクできる人です。

将来のワクワク感こそポジティブの原動力。お金やネガティブな感情からではない、「内発的」で前向きな力です。

ワクワクして内発的な原動力で動いている人の想像力は、単純に「すごいな」と感じます。

「なるほど、そうきましたか!」

と感心させられ、そこからまたさらにクリエイティブな想像が掛け算で生まれていきます。発想がすべて自分ごとなので、さまざまな選択肢に考えをめぐらせ、行動も速い。

またそんな「誰」になる人は、シンプルで迫力を感じます。まわりもさらにテンションが上がり、お互いに巻き込まれていきます。

まずはあなたが、ワクワクしてください。どんな環境やポジションからでも可能です。どこにも負けない最強のチームは、ここからしか生まれないと信じて。

「類は友を呼ぶ」は本当だった②

――「本物の自己満足が本気のチームを生む」法則

これまでお話ししてきた「想像」「思い込み」「自己満足」は、どれも自分ひとりではじめられ、育てていくことができます。条件は、本気で思い込む、それだけです。

何となくしっくりこないし、どことなく違和感がある。

こういうときは、「本物」ではありません。

考えている「目的」よりも、さらに上の（今の目的も含むような）視点に立ってみてください。そうすると今まで「目的」としていたものが、実は「本当の目的」の手段に過ぎないのではないか、そう気づくことがあります。

この数年、私は将来の事業展望とビジョンについてあれこれ考えを巡らせていました。ところが、思考が堂々巡りになっていた時期があったのです。詳細はここでは触れませんが、要は目的と思っていたことが、もっと大きな「本当にやりたいこと」の手段であることということに気づいたのです。

自己満足は思い込み、それで十分、とお伝えしました。

しかし、ここにひとつ付け加えておきたいことがあります。

自己満足は、「頑固」であってはならないということです。

方法論レベルの話ではなく、もっと「大きな目的」レベルで思い込む。そのためには、人の意見に耳を貸さない、という頑固さは障害にしかなりません。

成功者の思い込みは、「大きな目的」レベルの思い込みです。方法論やアプローチについてはむしろ柔軟で、眼の前の状況に適応しながら、素早くやり方を変えています。

私が感銘を受けた本のひとつに、『なぜ、あなたがリーダーなのか？』（ロバート・ゴーフィー、ガレス・ジョーンズ著）があります。

引用してみます。

「状況を観察し認識する。そしてそれに応じながら、足を踏み出していく。しかし優れたリーダーは、自分らしさは失わない。状況に流されはしないのだ。われわれはこんなリーダーたちを「本物のカメレオン」と称している。カメレオンは、環境にあわせて劇的に体色を変え適応する。しかしカメレオンではあり続ける。

つまりリーダーは、おかれた状況下で最大のインパクトを得るべく、自分の振る舞いをコントロールしなければならない」

自分らしい、本物の思い込み、自己満足でなければ、本気は出てきません。その信念が確固たるものになれば、同じ方向を向いた本気のチームが生まれます。「類は友を呼ぶ」のです。

なぜ、人はあなたから離れていくのか
——ネガティブな3つの妄想

ここでいう妄想は、完全にネガティブな考え方のこと。

①過去の失敗にとらわれる

未来のために「過去の失敗に学ぶ」ことは必要ですが、とらわれるのは、必要のない妄想です。

②未来の失敗に怯える

不安は誰にでもあると思います。私も未来のことはいつも不安です。だからこそ納得できるまで考え、迷い、「よしこれをやってみたい！」と思えるところまで準備をします。そこまで気持ちの準備をしたら、行動するのみ。やってみるしかありません。誰にも確たる未来は予測できないのですから。怯《おび》えていてははじめることさえできません。

③行動を躊躇する

「一世一代の大博打」みたいな話をしているわけではありません。思った方向に小さくてもいいから動き出してみること。動き出すことで、小さな成功体験が生まれる。積み重ねることで自信が生まれる。ときに失敗しながら軌道修正することで、成長することができます。

「今の自分にはどうにもできないことを考えて、時間を浪費している」

と気づいたら、すぐに、

「どうにかなることだけを考えよう」

と私は頭を切り替えるようにしています。

未来の失敗に怯えないために十分準備をしたと思ったら、「どうにかなることはただひとつ。「現在の行動」だけです。

唯一できることを放棄した先に待ち受けているのは、受け身です。「やらされ感」たっぷりの負のスパイラルに入っていきます。やる気も本気も出ない。つまり自らチャンスを失うという選択をしていることになります。

会社では、私は立場上、大きな判断を迫られる場面が多々あります。

私の思いやビジョンに賛同してくれた仲間に対し、行動を躊躇することは約束違反です。ビジョンを実現するために集まった仲間であり、同志ですから、私や幹部が行動をためらっていてはビジョンに近づけません。

唯一「どうにかなること」である「今の行動」を、躊躇することなく、思いきり想像力を働かせてやってみる。この習慣を身につけると、自然に、当事者も仲間たちも「あの人たちの迫力はすごい！」と思われるようなチームになっていきます。
「そんなことといわれても、無理なものは無理」と思われる方がいるかもしれません。そういう人に、私はこのように話すことにしています。

「想像力を働かせて、まずは動いてみる。これだけはどんな人にもできることだよ」

本気は習慣でつくることができる
――人は誰でも変われる

楽観的、悲観的、大ざっぱ、繊細、柔軟、頑固、優柔不断……人の性格を表す言葉はたくさんあります。良い意味も悪い意味もありますが、あなたは自分のことをどんなふうに認識していますか。

私は、「楽観的」「繊細」「柔軟」というセルフイメージを持つようにしています。以前の私は、「悲観的」「大ざっぱ」「頑固」というセルフイメージを持っていました。しかもこれは、理想のリーダー像とは真逆のキャラクター。さまざまな本を読み、積極的に勉強会に参加し、尊敬する先輩方と対話していく中で、自身のセルフイメージを変えていこうと思うようになったのです。

セルフイメージをよくすることは、即、自己肯定感を高めることにつながります。他者からの承認、他者への貢献、そして内発的にモチベーションを高くキープすることにもつながっていきます。

「私はこういう性格の人間だ」と人はそれぞれに思っています。

問題はネガティブイメージを持っている場合です。

ここからは、ネガティブなセルフイメージを、ポジティブなセルフイメージに変えていった私の習慣についてお話ししたいと思います。

▼「ネガティブ（悲観的）」から「ポジティブ（楽観的）」へ

私は、かつては本当に悲観的な人間でした。大きな（と思っていた）失敗をしたとき、悩んで、悔やんで、気持ちがどん底まで落ち込むことばかりでした。そういうときに、

「これは悩んでどうにかなるのか？」

「ここまで考えてやらない選択肢はあるのか？」

と常に自問を繰り返すことを半ば強制的に習慣にしたのです。それで、余計なことで悩まない、とにかく行動してみる、という「楽観的」な性格に少しずつシフトしていきました。今では、悲観的10％、楽観的90％くらいまでにはなれたと思います。

▼「大雑把」から「繊細」へ

社内で、発言や表情などから「何か変だな」と感じる社員を見つけたとき、上司やその人の同僚などから情報収集し、打つべき手が見つかったらすぐに手を打つことを、私は常に意識しています

資料作成について、相手の情報と自分の目的を明確にして、文章の前後など細部にわたって指示を出すことも意識的に行っています。

繊細についてはまだまだ発展途上ですが、繊細率0％から60％くらいまでには成長できたかなと思います。

▼「頑固」から「柔軟」へ

私は昔から意固地になりがちでした。かつては意固地であること自体を自覚していませんでした（このように認識できること自体が私にとって大きな進歩です）。

具体的には自分の提案に「難色を示される」と、即座に反論、しかも感情的な反論をするのが常でした。

そうしたときに、「この提案のそもそもの目的は何か？」を意識することで、怒りや焦りを認識できるようになり、「論破」や「説得」が目的ではないのだと自分自身に理

解させることができるようになってきました。

会議であれば、「売上目標を達成するための最善策を出す」ための提案がそもそもの目的です。家庭であれば「家族が楽しくできる時間を作る」ための提案が目的です。目的重視を意識したことで、感情的な反論には何の意味もないことをきちんと理解するようになったのです。

あたりまえなのですが、自分の提案が常に最適なわけではない、このことを冷静に判断するのは、自身がトップであることもあって簡単ではありませんでした。

そんなわけで、現在の私の柔軟率は、60％くらいです。まだまだ成長途上ということですね。

「性格は習慣づけで変えられる」という私の事例を話してきました。

「自己成就予言」「ピグマリオン効果」など、心理学的な裏付けがありますので、ここで確認しておきましょう。

く。

▼自己成就予言

自分の中の思い込みやイメージに従って行動していると、思い込みの通りになっていく。

▼ピグマリオン効果

人間のパフォーマンスは、他者からの期待の状況や、どう扱われるかによって大きく変わる。

自分が目指す人格、理想像を思い描くときには、具体的な人物を思い浮かべてみてください。

誰にでも、尊敬できる人がひとりはいるのではないでしょうか。また尊敬できる人とは、「自分に足りないもの」を持っている人であることが多いと思います。

それはともかく、尊敬する人物の考えや行動を思い浮かべると、そこには自分との大きなギャップがあることに気づくでしょう。そのギャップを埋めるための第1歩として、自分の「変化させたい性格」が何かを具体的に認知することが必要です。これを「メタ認知」といいます。客観的に自分の考えや行動を認知することを指します。

メタ認知したら、どうすれば自分を変えられるのかを考えてみましょう。この場合、「あの人ならどうするだろう？」と考えてみるのが近道です。これも正解があるわけではなく、自分が考えた答えに従えばいいのです。

こうしたプロセスを経るようになると、少しずつですが、人は行動を変えていこうとします。これを習慣化し、続けていくことで、性格は変わっていくのです。ぜひ、ためしてみてください。

「ビジュアル効果」が「チーム力」を高める
――「シンボルの共有で生産性がアップする」法則

私の会社（プラスワンインターナショナル）は、オーダーTシャツなどオリジナルデザインのアイテムを製造販売していますが、非常に多いのが、企業や個人事業主からの「ユニフォーム」の依頼です。「制服」として使うシーンではもちろんですが、スポット（展示会や社内イベントなど）で使われるユニフォームの場合もあります。

統一されたカラー、デザインで、ひと目で「同じチームなんだ」とわかるユニフォーム。なぜ、オリジナルデザインで統一されたユニフォームの需要が多いのでしょうか。

この「なぜ」について、実はあまり深く考えてきませんでした。当初は事業を軌道に乗せることしか頭になかったので、ひっきりなしにユニフォームの注文が入ってくる中で、

「本当にありがたい。ありがたいけど、なぜこれほどまでに、みんなTシャツが必要なのだろうか」

と、この程度の認識しかなかったのです。

たくさんのユニフォームを作らせていただき、アンケートを取るなどしていく中で、いくつか浮かび上がってきたキーワードがあります。

まとめると、

- **チーム力アップ**
- **同じ目標に向けた一体感**
- **その先の成功（目的の達成）**

この3つのワードにまとめられるのではないかと考えています。

ユニフォームで売上が何%上がったのか、あるいは何か具体的な原因結果の数値があるのかというと、そのような統計はありません。

しかしお客から、

「チームにまとまりが出て盛り上がりました！」

「みんなの目標、思いをデザインすることで、試合に勝つことができました！」

などリアルな声は日々あがってきます。

これが、ユニフォーム（同じカラー、同じデザインなど）のビジュアル効果であることは間違いないと私は確信していましたが、科学的なエビデンスに基づいた考えではなく、習慣的、感覚的な知見に過ぎませんでした。

そんなときに、公益財団法人日本ユニフォームセンターが主催する定期セミナーで行われた、「ビジネス心理学から見たユニフォームの効果・効用」という講演のことを知りました（2017年7月4日、講師は山口善昭教授・東京富士大学）。講演から引用します。

ユニフォームの効用は、同一集団として認知できることにあります。着用によって所属する企業の人間であることが内部はもちろん、外部からも認知できるからです。

これをそれぞれ内部認知、外部認知といいます。制服を着ることで会社や職業がすぐ分かると同時に、外部からのイメージをコントロールできるからです。また、制服は組織文化を変えられるツールでもあります。集団としてまとまりがあると認知される程度を表す専門用語に「集団実体性」があります。類似性や近似性が高い対象の間には、まとまりが知覚されやすい。同じものを着ることで、同じ集団として捉えられます。外の人からは、同じ会社の人間として、中の人同士は、仲間意識が一層高まります。運動会で同じ色のハチマキ同士を応援するのはその好例です。

（中略）

企業の対外イメージは服装がバラバラでは変えられませんが、ユニフォームならコントロールできます。銀行は安心感、落ち着き、信頼、消費者金融は明るさ、恐怖感の払拭が重視されています。

ユニフォームの対内的な効果では、経営者の意図を、言葉以外で表現することに役立ちます。シンボリズムの観点から、組織文化を変える効果も期待できます」（一部抜粋）

私の創業の経緯で話したエピソードに以下のような内容がありました。

見込み客に、何もアイデアがない段階でビジュアル化されたデザインを見せた。すると不思議なことに、イメージを膨らませた見込み客は、発注したわけでもないのに要望を出してきた。

頼んでもいないビジュアルなのに、なぜ要望が出てきたのでしょうか。

答えは、お客の心に「思い」を喚起させたからです。ビジュアルを見せることで、それがきっかけとなり、イマジネーションが湧いてくる。それをチームで共有できたらカッコいいな、と思う。この思いがビジュアルで喚起されるのです。だから思いを形にしたデザインTシャツを着ることで、仲間意識が高まり、結果としてチーム力が高まるのです。野球でもサッカーでもラグビーでも同じですね。

チームの外から見ている人たちも、同じカラーで同じデザインのウェアを着ている人たちは、何らかの「仲間」なのだろうと認識します。そう見られることを当人たちも知っています。チームスポーツやイベントなどで、同じデザインのTシャツやユニフォームを着た経験がある人なら、感覚的にもわかりますよね。この意識がチームへの帰属感や誇りを、より一層強いものにするのでしょう。

「やらないこと」を決めよ
――パフォーマンスを高めるために不可欠な選択

会社組織では、やることを決めるたくさんのミーティングがありますよね。そして、やることを決定したら、「いつ」までにやるのかという時間軸（期限）を定めて、優先順位をつけて行動計画に移していくでしょう。

ここで大切なのが**一点集中理論**です。

期限や優先順位があるにせよ、一定の基準を設けないとアイデアは無限に出てきます。

よほどのリーダーシップがない限り、収拾がつかなくなりますよね。

何をやるにしても、「広く浅く」だとドライブをかけていくのに必要な成功体験がなかなか得られません。

「やらないこと」をセットにして決めることで、やることを1点にしぼり、1点集中で取り組むことで集中力が生まれます。そうすると成功体験も早く、うまくいかなくとも迅速な軌道修正（または「やらない」リストに入れる判断）が可能になります。

ここで説明した「やらないこと」には2種類あります。

①今は、やらないこと
②半永久的にやらないこと

①は、重要度（優先順位）を相対的に低く設定したものです。これを決めることで、重要度の高い「やること」に集中できます。仕事の内容が現場レベルになればなるほど、この「今は、やらないこと」をきちんと決めることで、混乱を防ぎ目的を明確にする

効果が生まれます。

偶然の産物にもかかわらず、会社や組織でありがちな光景があります。「今は、やらない」けど「将来やることリスト」に入っていた案件が、重要度の高いものから取り組んだことで、気づいたら一気に片づいていた――。

＊　＊　＊

ひとつの部署で、2つの課題と解決策が出てきました。以下の2つです。

▼生産性（処理件数）を上げるために、研修をする
▼成約率を上げるために、1件に対して手厚いフォローをする

表面的には相反する施策ですので、会社の優先度でどちらかに絞らなければいけません。「急がば回れ」ということで、前者の「研修をする」を選んだとしましょう。

これは、研修を実施することで対応が速くなり（もちろん質も担保して）、目的である「処理件数を上げる」ことに直接寄与します。

ところが、このことによって成約率アップにも貢献することになりました。なぜでしょうか。

理由は「速さ」にあります。

同じ時間で処理件数を上げることを目的にして効率を改善したわけですが、実は1件に対してのレスポンスが速くなることで、お客にとって自然と「よりよい対応」となり、成約率が上がったのです。

こうしたことで、「お客様目線では何を優先しなければならないのか」という問題に対する答えが偶然に発見できてしまうのです。

「手厚いフォロー」も、目的達成のためには間違いない施策と仮定できますが、研修でスキルを上げてからでないと1件にかかる時間が多くなり、逆に成約率を落とす可能性もあったわけです。

次に、②の「半永久的にやらないこと」について見てみましょう。

これはズバリ、**「ビジョンに貢献するかどうか」**を基準に考えることで見えてきます。

ビジョンとは、会社の目指している「理想の状態」で、大目的ともいえます。このビジョンに近づくために日々全社一丸となって、企業活動をしているわけですから、関係のない活動は、本来不要です。

自分のやりたいことや楽しい行動を想像して、たくさんの選択肢の中からひとつに絞っていってください、と説明し、その絞り方もお伝えしてきました。

二択の選択肢からひとつに絞る際の考え方として、最後の最後（二者択一）で決断に迷ったときは、**どちらがより「ビジョンに貢献するか」**を基準に考えてみてください。

もしあなたが社員で、どちらがよりビジョンに貢献するのか判断に迷う、わからないときは、社長や上司に聞いてみましょう。

「ビジョンに貢献するかどうか」を基準に考えて、それが「やりたいこと」に一致していれば最強の選択になります。

もしあなたが経営者であれば、ビジョンに沿っていないことをやらないと決断するのは比較的簡単でしょう。

私の会社では、ビジョンとして「お客様の成功を支援する」という、社会的な価値（バリュー）を掲げています。

ユニフォームやイベントTシャツの依頼は本当にたくさんありますが、オーダーしてくるお客の目的は、ユニフォームやTシャツだけではありません。

「ビジュアル、ユニフォームの効果」のところでお話しした通り、**商品の先に「本当の目的」がある**のです。

それは、**「チーム力、一体感の醸成」**であったり、**「イベントの成功」**であったりします。それぞれのお客の本当の目的を汲み取って、その達成のためにお手伝いをする、それが我々の仕事の根幹にある価値観です。

ビジョンに貢献しないことはやらない

チーム内で決める「やること」「やらないこと」は、ほとんどが戦術（施策）レベルですが、それを決めていくにあたり、大前提としての価値観（思い・理念や世界観、それを現すビジョン）があるはずです。それは川の土手のようなもので、土手は流れる方向を決め、はみ出してはいけない枠を設定します。

「ビジョンに貢献しないことは、やらない」という指針を持つと、想像する方向も定まり、楽になります。

なぜ、「〜ねばならない」は禁句なのか
――悪魔の言葉が仲間からやる気を奪う

これまで何度も、「やりたいこと」「楽しいこと」を考えて想像を膨らませよう、とお伝えしてきました。しかしそれぞれが、何の指針もなく好きなことをやりだしては無法地帯になってしまいます。

チームの価値観を共有して土手を設定し、ビジョンに向かって仲間が同じ方向を向いているのなら、自分が楽しくてやりたいことを、躊躇せずにやってみるべきです。

理想論だ、といわれるかもしれません。

確かに私の会社も、そんなチームを目指して動いている過渡期にあります。

「本気のひとりに、仲間はついてくる」

とは、どんな立場の人にもいえることです。

チーム内での「～ねばならない」は悪魔の言葉です。

というのは、私自身が身をもって体験したことだからそう言い切るのです。

＊　＊　＊

数年前、「２０２０年に売上１００億円達成」を目標に掲げました。社内的に公言していましたし、社内手帳やポスターにもその数字が記載されていました。どちらかといえばこの「１００億」という数字が先で、そのために**「どうしなければならないか？」**を逆算で考え、ビジョンやミッション、バリューを打ち出していました。

お気づきになったと思いますが、そもそものビジョンからして「〜ねばならない」からはじまっていたのです。

この間の幹部会議、合宿、各レイヤー（部門）の会議に至るまで、この数字に縛られて物ごとを考えるようになってしまい、チームはみな視野狭窄《きょうさく》に陥っていました。各部署の目標額を設定し、そのために何をいつまでにやらなければならないか、そんな会議の繰り返しでした。

数字そのものにはチームとしての「思い」や「世界観」は宿りません。思いがないし、数字そのものには意味などないからです。何（大目的）のために考え、行動すればいいのかわからず、数字だけがひとり歩きする。いつの間にか、離職者が増えるようになり、焦りや不満を蔓延させ、チームの空回りを誘引して負のスパイラルに陥っていました。

ちょうどこの頃でした。ある方に紹介されてお会いした初対面の方（H氏）とお話する機会がありました。彼はこう切り出しました。

「社長にやりたいことはあるのですか？」

1〜2年かけて考えていたことはありました。

なので私はとっさに「はい、あります」と答えました。まだ具体的に説明できることなど何もないのに。

「何をしたくてもいいけど、『～しなければならない』という考え方ではダメですよ。いろいろな会社を見てきたけど、『～しなければならない』でうまくいっているところは本当にない。逆にこの時代にしっかりと自社が何者かを知っていて、原点回帰しているところは、やっぱり強い、業績も伸ばしているよ」

がつんときました。まさに目からウロコの気分でした。

数字に縛られていた思考のリミッターが瞬時に外れたような感覚になりました。

H氏と話してほどなく、社内のある人物からも同じような質問を投げられました。

「社長はこれから何をしたいのですか？」

即答で、

「デザインだ」

私は答えていました。

私がやりたいこと、それがそもそも「デザイン」だったのです。すべてはそこからはじまった。

見えていたつもりで見えなくなりかけていた原点に回帰しました。

原点から再度、100億という売上目標を考え直しました。そのプロセスで「数字なんて小さなもの」(売上の大小ではなく、取るに足らないもの、という意味)だとはっきりと認識し、100億の目標を廃止、つまり数字とともに「~ねばならない」というマインドを葬ろうとしたのです。

怒りをしずめるとっておきの方法
――「ありがとう」を3回つぶやく

前項でとは打って変わって、少し冗談のような見出しですが、大真面目に書いていきます。

心理学に「**認知的不協和**」という言葉があります。

これは、人が自分の中で（通常２つの）矛盾する認知を抱えた状態のことで、人はその「不協和」を解消しようと、言動や感情を変化させる、と考えられています。

具体的にいうと、怒りを感じたときに「ありがとう」と言葉を発すると、意図的に不協和を作り出します。脳はそれを解消するために態度や感情を変化させようとします。


あなたが怒りを感じるのは、どんなときでしょうか。

私がひとつ挙げるとすると、「アポなしで飛び込み営業に来られること」です。「無神経」「ＫＹ」「無礼者」という言葉が浮かんでは頭に血が上りました。

あるとき、なぜこんなに腹が立つのだろう、と考えたことがありました。怒りの原因がよくわからなかったからです。自分なりにたどり着いた理由としては、「こちらの状況を無視された上に、自分の時間が拘束される」という不条理に怒っているのだと気が付きました。

こんなときに「ありがとう！」なんて、不協和以外の何ものでもありません。

実際にやってみましたが、違和感がありすぎて笑えてくるくらいです。ところが、この違和感を不思議な感覚で認知することで、すでに怒りが少しおさまっていることに気づきます。

その後、「ありがとう」といっている以上、

「俺は何に感謝するんだ？」

という疑問が起こり、さらにそこから、

「これはどういう意味があるんだ？」

「何かを勉強させてくれているのか」

という思考になってきました。

立場上、こういう場面に遭遇することが非常に多いので、いちいち腹を立てていたらそれこそ仕事に支障をきたします。

できるだけ感情を抑えて「ありがとう」とつぶやき、相手に悪気があるわけではない、これは自分でコントロールできないことだから仕方がない、ここから何か学べることはあるのか、と思うようにしました。

毎回うまくいくわけではありません。

それでも少しずつ認知できる場面が多くなったと思うので、続けていけば意識せずと

も習慣化して、怒りをもっとコントロールできるようになるのではないかと思っています。

キレそうになったときの魔法の言葉
――心の中で「いいじゃないか」を3回つぶやく

怒りを抑えるための「ありがとう」とともに、キレそうになったときの「いいじゃないか」も使えるので、紹介しましょう。

これも「認知的不協和」を利用した**感情マネジメント**の一種です。

「キレそう」になるというと、だいたいは仕事や勉強で、とんでもなくやることが多く、しかも期限が迫っている、みたいな状況で典型的に生まれる感情ではないでしょうか。

このようなときの感情は、「焦り」から、「無理だろ、どうしろっていうんだ」といいたくなっています。

焦るのは以下のような流れにあるときでしょう。

期限が迫っている

⇩

膨大な仕事量が目の前にあるので途方に暮れる

⇩

頭が整理できずに混乱しきっている

まずはこの焦った感情を正常に戻したいので、先ほどの「不協和」を使います。

頭が沸騰しているときの「いいじゃないか」は、最初は「いいわけないだろ！」と自分で自分に反論してしまうかもしれませんが、少しだけ長い目で見て、そして考えてみてください。

1年後、10年後、さらには今後の長い人生、というところまで視野を広げてみると、全然大したことではありません（と、私も自分に言い聞かせてきました。力が抜けて楽になります）。

1年後には、「あのときは忙しくてキレそうになっていたなあ」ときっと笑い話になっているでしょう。

ここで大切なことを再確認です。

いくらキレそうになっていても、今できるベストは尽くす。

「もっとやれたかもしれない」

という可能性を残したままでは後悔します。逆に、やれるベストで対応したのだから、「いいじゃないか」と考えるようにすると気持ちが楽になります。

ただし、

「ベストを尽くす」とは、がむしゃらにこなすことと同義ではないのです。

思考を正常に、ロジカル（論理的）に考えられる状態に持っていき、そこから優先順位をつけてどうやれば効率的に期限内ゴールに近づけるのかと考え、体系立てて動いていく、これらを含めての「ベスト」ということです。

前にもお話しした通り、考えを体系立てていくと、まとめたり、削除したりできるものが見つかるかもしれませんし、先に終えた仕事で、実は次の仕事の課題も解決していた、ということが起こり得ます。

肩の力を抜き、思考をロジカルに戻す。そのために、「いいじゃないか」というフレーズを唱えて、自分を客観視する。

結果はどうであれ、「今考えられるベスト」をやり続けることで、成長が必ずついてきます。

死ぬ気になっても結果は出ない
――「一流」は論理的かつ科学的に行動する人のこと

「焦り」の感情を克服しても、ただ順番通りに仕事をこなすのは実は非効率です。やることが増えればやはり時間は足りなくなるので、結局焦ることに変わりはありませんよね。

一度、客観的に、目的と目の前の仕事（量と内容）を俯瞰して分析してみることをおすすめしたいと思います。これも要はメタ認知ですね。

仕事を俯瞰するミクロな視点

10年ほど前まで、私は、会社の業務をすべてを兼任していて、とてつもない仕事量を抱えていました。

そこで私がやったのは以下のようなやり方です。

まず、仕事の優先度を決めました。基準は**「目標」**（売上アップ、顧客満足）に対する貢献度と、仕事が完了するまでの**「スピード」**です。その間にも次から次へと新しい仕事（ほとんどは作業）が入ってくるわけですが、一度基準を作っているので、優先度を決めて仕事をすすめるようにしていました。

私の作業以外に社員やパートさんの作業も必要な仕事は、就業時間の中で連携プレーやってもらい、その他の業務は営業時間外にオフィスや自宅でしていました。

体系立てて実行しただけ、効率は非常によくなりました。

焦りをマネジメントすることもできましたし、この工夫の時期に自分の処理能力も大幅にアップしたのではないかと思います。

仕事を俯瞰するマクロな視点

確かに、日々の作業は効率的になりました。しかし、そもそも経営者として私がやらなければならないことは、自分が作業をし、それを効率化するということではありません。視野を広げ、長期的にビジネスを発展させ、経営を安定させていくために**「後進の育成」**が必要だったのですが、創業間もない私にとって最も手をつけづらいところでもありました。

なぜなら自分ではじめた事業ですから、目的が明確だし、誰よりも熱量がありスピードも速いので、何でも自分でやるほうが効率がいい、という判断になりがちなのです。この考えが、「後進の育成」という肝心な仕事を遠ざけてしまい、いつまでたっても社長自身が目先の作業で手一杯、という状況になっていました。

（※一般的な「経営者の仕事」についてここで詳しくは触れませんが、「組織づくり」

や「戦略策定」など、要は継続的に発展する事業を作るための活動ということになります）

ここから少しずつ、

・営業

←

・デザイン（データ処理）

←

・サイト構築・運営

←

・広告運用

という順番で後進に仕事を渡して行きました。

不安やもどかしい気持ちから、最初は自分でやったほうが速いと焦ることが多々ありましたが、事業を拡大していきたいという大目的への思いのほうが強いので、

「ここで逆戻りはできない！」

と自分に言い聞かせ続けました。

長い時間がかかりましたが、順を追って教育をしていく中で、すべての仕事を任せられるようになり、今は実務については私がいなくても回っています。むしろ担当チームが各分野に特化してくれることで、私が兼務していたころよりも効率的で創造的に仕事が回るようになりました。

現在、私は仲間のおかげで、本来やるべき仕事に注力できています。もちろん悩みや課題もありますが、それは、目の前の仕事に追われる「焦り」とは、無縁のものです。

これは、経営者に限ったことではなく、どのレイヤーの人たちにもいえます。

どこかのタイミングで次の候補に仕事を任せて渡す仕組みを作らないことには、ビジネスの進化が止まってしまいます。止まっているということは、「ステイ」しているのではなく、時代の変化や競合との相対的な競争関係にある以上、「退化」することになってしまうのです。

進化して継続していこうとしている組織では、すべてのレイヤーで半永久的にこの後進育成のループを続けていく仕組みが必要です。

ここで再び、池本克之氏の言葉を借りたいと思います。

「どんな状況であっても、結果を出すために最大限の努力をすることは、プロとして求められて当然のことだ。仕事が何であれ、結果を出そうとしないことは、プロ意識の欠如といわざるを得ない。プロとは、顧客の満足を最優先に行動するはずなので、そうでなければ本来、報酬を受け取ってはいけないのだ。

プロスポーツ選手が練習をせず、手を抜いたプレーばかりで、ファンサービスも怠けているようでは、契約が更新されるわけがない。

実際に結果を出す人と結果を出せない人がいる。両者の違いは何だろう？　第一にスピード感だ。結果を出す人は行動が早い。行動しなければ何の結果も出ないことを知っているからだ。例え結果が出なかったとしても、改善する行動が早いので、行動を繰り返すことで結果が出るわけだ。ただし、行動が早いからといって、闇雲に行動をするわけではない。過去のデータやリサーチをもとに仮説を立て、効果的な方法を考えて根本的な問題点に直接働きかける。こういった論理的な思考が第二の違いだ。

最後に諦めない精神があることだろう。結果が出るまで諦めずに継続すれば最後には結果が出るからだ。

結果が出ない人が一所懸命ではないかといえば、必ずしもそうではないだろう。しかし、結果が出なければ評価はされない。プロスポーツ選手であればクビである。どんなに必死に練習したと訴えても結果がすべてだ。プロである以上、本来はビジネスも発想は同じだろう。

現実的にビジネスの世界では、余程のことがなければクビにはならない。だから、程々に働いていればいいと考えることで、人としての成長を放棄したことになる。人は仕事を通じてのみ成長する。顧客満足を最優先にするプロであれば、スピード感をもって、論理的な思考で、諦めない精神で行動することだ」

これまでお話ししてきた通り、「スピード」は自分自身を成長させる最も大事な要素のひとつです。なぜなら、早く行動を起こし、うまくいかなくても、工夫してすぐにまた別の方法を試していく、このプロセスを繰り返せば、着実に成功に近づくからです。

行動量も多いので、そのプロセスでの成功体験、失敗体験はともに経験則として蓄積されていき、次の思考や行動の精度を論理的にどんどん高めてくれます。
スピード感を持って行動した人としない人とでは、一定期間で見たときの成長に雲泥の差が出るでしょう。

最後に、池本氏が３つ目の要件にあげている「あきらめないこと」について、次項で私の考えていることをお伝えし、締めくくりたいと思います。

あきらめない、それが一番の才能
――本物の原動力をつくるには

仕事で成功した人、偉業をなし遂げた人たち、彼らから聞かれる「成功の秘訣」は、表現はそれぞれ違っても「あきらめないこと」という答えが多いですよね。

おそらく本でもテレビのドキュメンタリー番組でも、今まで何度となく聞いた言葉だと思います。その分、重みが薄れてきているように思うのですが、私は「あきらめない」ことは、そのまま意志が強いことであると考えているので、どんな目的や夢であれ、「あきらめない人」を最大限に尊敬します。

「夢を叶えた人はあきらめなかった人」

言い換えると、

「あきらめなかった人だけが、夢を叶えることができる」

といえるでしょう。

しかしながら、あきらめない、ということは夢を叶えるための「必要」な条件ではありますが、それだけで「十分」とはいえません。

一方、あたりまえですが、「あきらめた人」で夢や目的を実現した人はいません。あきらめないためには、どんなノイズがあっても、ものともせずに突き進むだけのモチベーションが必要です。モチベーションは、外から無理やり注入できるものではありません。受け取り方でいいきっかけにはなり得ますが、あきらめない本物のモチベーションにするためには、内発的な原動力を自ら育てていくしかありません。

これまでこの本の中でお伝えしてきたことは、その、

本物の原動力を自分の中につくるための方法

です。

「なぜ、そこまでできるのだろう」

こんなふうに誰かに対して思ったことはありませんか？

私は何度もあります。そういう人たちは熱量が高く、没頭していて、圧倒的な迫力をもっていて、憧れさえ感じます。

しかし聞いてみると、ほとんどの人は、こちらが思うほど自分で「すごい」とは思っていません。「楽しいからやっているだけ」という答えが大半なのです。

私は、これこそが夢を叶える要素、成功の秘訣なのだろうと感じています。

「夢を叶える」「成功する」とは、どういうことなのか、と考えた時期がありました。

確かに今の私は、まわりから見ると一般には「成功者」となるのかもしれません。

また自分自身でも20年前の目線に戻してみると、当時では考えられないような「大成功」をしています。


ところが、今の自分はそうは思っていません。

以前より進化した大きな夢があり、それを実現する「成功」にはもっと遠い状態かもしれません。そこに向かって楽しいこと、やりたいことを想像して、試行錯誤を続けているのです。

これは、この20年のプロセスがあったからこそです。

この20年間でしてきたことは、「成長」と「仲間集め」、この繰り返しです。

成功体験と失敗体験を繰り返すことで「成長」し、その過程で賛同してくれた仲間が集まった。そしてお互いが刺激し合って化学反応を起こし、相乗効果が生まれてきた結果です。

自分や仲間たちの成長に合わせて、想像する夢も大きくなったので、「自分と夢」は時間の経過とともに同時進行で、未来へ平行移動している感じがします。

プロセスはこれからも続いていきます。

さらに20年後は、もしかしたら今では想像もつかないような「成功」をしているかもしれません。

でも、と私は思います。

これまでと同じように、20年後にはさらに大きな目標を持って、「まだまだだな」と思っていたいのです。

想像して行動を起こし、楽しんで没頭し、そのプロセスで試行錯誤しながら「成長」を止めなかった人が「夢を叶える人」。

これを私自身にリマインドしながら、今いる仲間たちとともに成長し、これから加わる新たな仲間とも共有していきたいと思います。

装幀・図版―――三枝未央
企画協力―――樺木宏（プレスコンサルティング）
編集協力―――OfficeYuki
編集―――――松原健一（実務教育出版）
DTP―――――キャップス

‖著者略歴‖

新開 強（しんがい つよし）

株式会社プラスワンインターナショナル 代表取締役

1975年生まれ。独協大学を中退しアメリカISU（Indiana State University）に留学。STUSSYをはじめとするストリートウェアブランド全盛期の中、地元高松にセレクトショップをオープンし、シカゴのストリートブランド「D-gital」と日本総代理店契約を結ぶなど、学生起業家として活躍。しかし一方でビジネスなど未経験の勢いだけにまかせた甘さ、その後のアメカジブーム衰退もあって大借金を抱え、アルコールにハマり、異国の地で路頭に迷う。心身ともにどん底の中、代理店時代に見よう見まねではじめたグラフィックデザインでTシャツのPBを作ったことが大きな転機に。

帰国後の2003年、オーダーメードプリントTシャツ事業を創設。実店舗37店舗、年間販売枚数227万枚以上、売上約30億の業界No.1企業に育て上げる。現在ではTシャツのみならず幅広くオーダーメードプリントを展開。自身の起業の原点である「デザイン」の魅力を広く伝えたい、「感動のデザインを身近に」をモットーに事業に打ち込んでいる。

Tシャツだけで年商《ねんしょう》30億《おく》。

2019年9月30日　初版第1刷発行

著　者　　新開 強
発行者　　小山 隆之
発行所　　**株式会社実務教育出版**
163-8671 東京都新宿区新宿1-1-12
電話　03-3355-1812(編集)　03-3355-1951(販売)
振替　00160-0-78270

印刷所　　精興社
製本所　　東京美術紙工

ISBN978-4-7889-1800-9 C0034